プリント形式のリアル過去問で本番の臨場感！

三重県

津田学園中学校

2025年春 受験用

解答集

本書は，実物をなるべくそのままに，プリント形式で年度ごとに収録しています。
問題用紙を教科別に分けて使うことができるので，本番さながらの演習ができます。

■ 収録内容

・解答集（この冊子です）

書籍ＩＤ番号，この問題集の使い方，最新年度実物データ，リアル過去問の活用，解答例と解説，ご使用にあたってのお願い・ご注意，お問い合わせ

・2024（令和６）年度 ～ 2021（令和３）年度　学力検査問題

JN132408

○は収録あり	年度	'24	'23	'22	'21		
■ 問題（一般入試）※		○	○	○	○		
■ 解答用紙		○	○	○	○		
■ 配点							

算数に解説
があります

※2022年度より試験方式変更（2021年度はB方式）
注）国語問題文非掲載：2023年度の第2問

問題文の非掲載につきまして

著作権上の都合により，本書に収録している過去入試問題の本文の一部を掲載しておりません。ご不便をおかけし，誠に申し訳ございません。

本文の一部を掲載できなかったことによる国語の演習不足を補うため，論説文および小説文の演習問題のダウンロード付録があります。弊社ウェブサイトから書籍ＩＤ番号を入力してご利用ください。

なお，問題の量，形式，難易度などの傾向が，実際の入試問題と一致しない場合があります。

教英出版

■　書籍ＩＤ番号

入試に役立つダウンロード付録や学校情報などを随時更新して掲載しています。

教英出版ウェブサイトの「ご購入者様のページ」画面で，書籍ＩＤ番号を入力してご利用ください。

書籍ＩＤ番号　110425

（有効期限：2025年9月30日まで）

【入試に役立つダウンロード付録】

「要点のまとめ(国語／算数)」

「課題作文演習」ほか

■　この問題集の使い方

年度ごとにプリント形式で収録しています。針を外して教科ごとに分けて使用します。①片側，②中央のどちらかでとじてありますので，下図を参考に，問題用紙と解答用紙に分けて準備をしましょう（解答用紙がない場合もあります）。

針を外すときは，けがをしないように十分注意してください。また，針を外すと紛失しやすくなりますので気をつけましょう。

① 片側でとじてあるもの

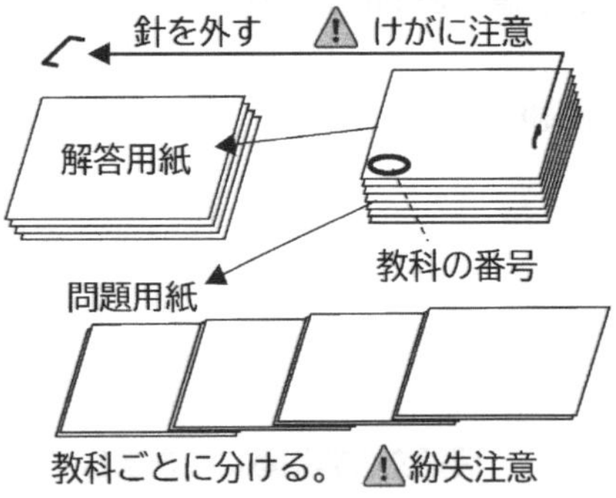

② 中央でとじてあるもの

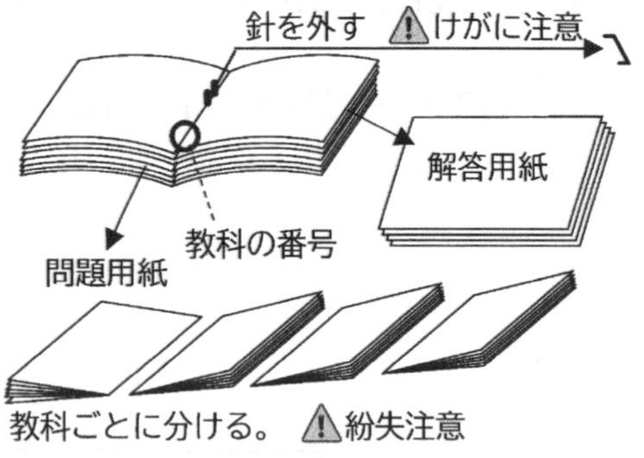

※教科数が上図と異なる場合があります。
　解答用紙がない場合や，問題と一体になっている場合があります。
　教科の番号は，教科ごとに分けるときの参考にしてください。

■　最新年度　実物データ

実物をなるべくそのままに編集していますが，収録の都合上，実際の試験問題とは異なる場合があります。実物のサイズ，様式は右表で確認してください。

問題用紙	Ｂ５冊子(二つ折り) 国：Ｂ４両面プリント
解答用紙	Ｂ４片面プリント

リアル過去問の活用

～リアル過去問なら入試本番で力を発揮することができる～

本番を体験しよう！

問題用紙の形式（縦向き / 横向き），問題の配置や余白など，実物に近い紙面構成なので本番の臨場感が味わえます。まずはパラパラとめくって眺めてみてください。「これが志望校の入試問題なんだ！」と思えば入試に向けて気持ちが高まることでしょう。

入試を知ろう！

同じ教科の過去数年分の問題紙面を並べて，見比べてみましょう。

① 問題の量

毎年同じ大問数か，年によって違うのか，また全体の問題量はどのくらいか知っておきましょう。どのくらいのスピードで解けば時間内に終わるのか，大問ひとつにかけられる時間を計算してみましょう。

② 出題分野

よく出題されている分野とそうでない分野を見つけましょう。同じような問題が過去にも出題されていることに気がつくはずです。

③ 出題順序

得意な分野が毎年同じ大問番号で出題されていると分かれば，本番で取りこぼさないように先回りして解答することができるでしょう。

④ 解答方法

記述式か選択式か（マークシートか），見ておきましょう。記述式なら，単位まで書く必要があるかどうか，文字数はどのくらいかなど，細かいところまでチェックしておきましょう。計算過程を書く必要があるかどうかも重要です。

⑤ 問題の難易度

必ず正解したい基本問題，条件や指示の読み間違いといったケアレスミスに気をつけたい問題，後回しにしたほうがいい問題などをチェックしておきましょう。

問題を解こう！

志望校の入試傾向をつかんだら，問題を何度も解いていきましょう。ほかにも問題文の独特な言いまわしや，その学校独自の答え方を発見できることもあるでしょう。オリンピックや環境問題など，話題になった出来事を毎年出題する学校だと分かれば，日頃のニュースの見かたも変わってきます。

こうして志望校の入試傾向を知り対策を立てることこそが，過去問を解く最大の理由なのです。

実力を知ろう！

過去問を解くにあたって，得点はそれほど重要ではありません。大切なのは，志望校の過去問演習を通して，苦手な教科，苦手な分野を知ることです。苦手な教科，分野が分かったら，教科書や参考書に戻って重点的に学習する時間をつくりましょう。今の自分の実力を知れば，入試本番までの勉強の道すじが見えてきます。

試験に慣れよう！

入試では時間配分も重要です。本番で時間が足りなくなってあわてないように，リアル過去問で実戦演習をして，時間配分や出題パターンに慣れておきましょう。教科ごとに気持ちを切り替える練習もしておきましょう。

心を整えよう！

入試は誰でも緊張するものです。入試前日になったら，演習をやり尽くしたリアル過去問の表紙を眺めてみましょう。問題の内容を見る必要はもうありません。どんな形式だったかな？受験番号や氏名はどこに書くのかな？…ほんの少し見ておくだけでも，志望校の入試に向けて心の準備が整うことでしょう。

そして入試本番では，見慣れた問題紙面が緊張した心を落ち着かせてくれるはずです。

※まれに入試形式を変更する学校もありますが，条件はほかの受験生も同じです。心を整えてあせらずに問題に取りかかりましょう。

津田学園中学校

《国　語》

第1問　問1．a．敬遠　b．事情　c．きちょう　d．不思議　e．意図　問2．プライベート　問3．文面を半減する　問4．エ　問5．[4]　問6．(1)受取人の都合に合わせて読め、面と向かっては言いにくいこともすなおに伝わり、言いたいことを最後まで整然と伝えられる。　(2)反対／手紙の受取人には、手紙を読まない自由などほとんどなく、むしろ手紙で返事を書かなければ失礼だと感じる人の方が多いと思うからです。　問7．エ　問8．A．カ　B．ク　C．セ　D．ケ　あ．1　い．2　う．3　え．3

第2問　問1．a．順調　b．あお　c．仕草　d．飲　e．額　問2．1．イ　2．エ　3．オ　4．ア　5．ウ　問3．X．無　Y．不　問4．(1)オ　(2)ウ　問5．剛太郎の目からは大粒の涙があふれ出ていた／遥のことを呼び捨てにしていた　問6．ア．C　イ．B　ウ．A　エ．A　オ．B　問7．秀一の代わりに剛太郎が育ててきた遥が、自分の本当の娘だったらよかったと考えたということ。　問8．エ

《算　数》

第1問　(1)24　(2)2　(3)8　(4)$\frac{10}{11}$

第2問　x．65　y．25

第3問　(1)1　(2)$1\frac{1}{4}$　(3)1

第4問　(1)ア．4　イ．9　ウ．56　※(2)カメ／15

第5問　(1)37.68　(2)2　※(3)円すい／12.56

第6問　(1)50　(2)7：3　(3)15：13：12

※の式や説明は解説を参照してください。

《理　科》

第１問　(1)種子をつくる。／花がさく。／葉に日光が当たるとでんぷんがつくられる。などから２つ　(2)被子植物は受粉後に果実ができるが，裸子植物は果実ができない。　(3)双子葉類は，子葉の数が２枚，葉脈があみ目状，くきの維管束が輪状に並び，根が主根と側根からなる。単子葉類は，子葉の数が１枚，葉脈が平行，くきの維管束がばらばらにあり，根がひげ根である。　(4)合弁花類は花弁が根もとでくっついていて，離弁花類は花弁が１枚１枚離れている。　(5)単子葉類は，成長点が低い所にあるので，草食動物に葉の上の方を食べられても，双子葉類に比べてはやく成長できる。　(6)双子葉類は，高い位置に大きな葉があるので，単子葉類に比べてより多くの光が当たりやすい。

第２問　(1)びんに出てくるあわを集め，火のついたろうそくを入れる。　(2)過酸化水素水がすべて反応したから。　(3)実験１のときより，過酸化水素水の体積が小さくなったから。　(4)レバーがもつ過酸化水素水を分解するはたらきが失われたから。　(5)過酸化水素水にふれる表面積が大きくなるから。

第３問　(1)上がる。　(2)上しょう気流　(3)ろ点　(4)1500m

第４問　(1)①(イ)　②(キ)　③(オ)　④(カ)　⑤(キ)　⑥(エ)　⑦(キ)　(2)液体　(3)水蒸気を多くふくむ空気の温度が下がったから。

第５問　(1)2.9 秒後　(2)700m　(3)14.1 秒間　(4)高い　(5)927.5m　(6)13.9 秒間　(7)高い

《社　会》

第１問　問１．①松江　②さくらんぼ〔別解〕おうとう　③輪中　④室戸　⑤紀伊　⑥足尾　⑦八幡　⑧ぶどう　⑨津軽　⑩有明　問２．エ　問３．最上川　問４．ア，エ　問５．イ　問６．ウ　問７．ア，カ　問８．(1) I　(2)B　(3)H　問９．(1)ウ　(2)高知市　(3)ウ　問 10．島根県を訪れ，世界遺産の石見銀山を見学し，おみやげとして宍道湖産のしじみを買って帰る。

第２問　問１．ウ　問２．自由民権運動　問３．荘園や公領の管理／年貢の取り立て　などから１つ　問４．京都や鎌倉の警備をすること。〔別解〕戦いが起これば，一族を率いて命がけで戦うこと。　問５．遣唐使の派遣を中止すること。　問６．イ　問７．エ　問８．藤原　問９．イギリス人が日本で罪を犯した場合，イギリスの領事がイギリスの法律で裁判する権利。　問 10．ウ　問 11．イ　問 12．F

第３問　問１．①大宝　②平安京　③鉄砲　問２．ウ　問３．イ　問４．エ　問５．イ　問６．ウ　問７．エ　問８．倭寇と正式な貿易船を区別するためだよ。　問９．騎馬戦を中心とした戦法から，足軽鉄砲隊へと変わった。／山城から平山城や平城へと変わった。などから１つ　問 10．ウ　問 11．ア　問 12．ペリー　問 13．エ

第４問　問１．労働力人口が減少し，経済成長がにぶる。／税収が減少して，財政難となる。などから１つ　問２．ウ　問３．イ　問４．マグニチュード　問５．地震発生が昼前だったために，火を使っていた家庭が多かったこと，木造住宅が密集していたことから，大規模な火災が発生したため。　問６．賛成　理由…今までの男性中心の政治に，より多くの女性の意見が反映されることで，多様性が確保できるから。

津田学園中学校

第1問

(1)　与式$=81-38\times9\times\frac{1}{6}=81-57=$**24**

(2)　与式$=\frac{5}{6}\div(\frac{9}{12}-\frac{4}{12})=\frac{5}{6}\div\frac{5}{12}=\frac{5}{6}\times\frac{12}{5}=$**2**

(3)　与式$=7.23\times\frac{8}{10}+2.77\div\frac{125}{100}=7.23\times\frac{4}{5}+2.77\div\frac{5}{4}=7.23\times\frac{4}{5}+2.77\times\frac{4}{5}=(7.23+2.77)\times\frac{4}{5}=10\times\frac{4}{5}=$**8**

(4)　与式$=\frac{3-1}{1\times3}+\frac{5-3}{3\times5}+\frac{7-5}{5\times7}+\frac{9-7}{7\times9}+\frac{11-9}{9\times11}=(1-\frac{1}{3})+(\frac{1}{3}-\frac{1}{5})+(\frac{1}{5}-\frac{1}{7})+(\frac{1}{7}-\frac{1}{9})+(\frac{1}{9}-\frac{1}{11})=$
$1-\frac{1}{11}=$**$\frac{10}{11}$**

第2問

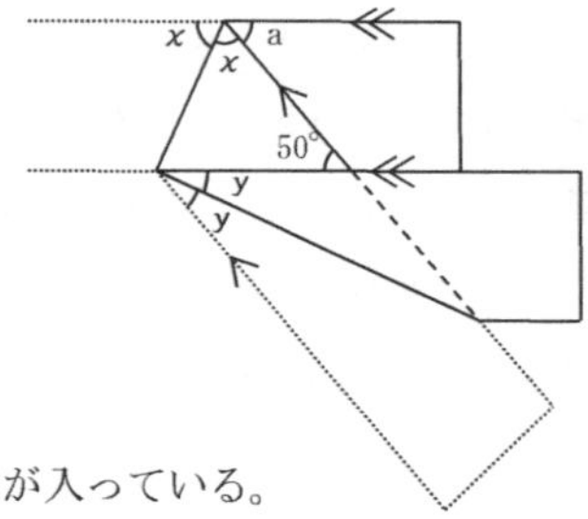

【解き方】折り返したときに重なる角は等しいので，右図のように等しい角を作図できる。

平行線の錯角は等しいから，角a＝50°なので，角x＝(180°－50°)÷2＝**65°**

平行線の錯角は等しいから，角y×2＝50°なので，角y＝50°÷2＝**25°**

第3問

(1)　操作①の後，Aには$1\times(1-\frac{1}{2})=\frac{1}{2}$(L)，Bには$1+\frac{1}{2}=1\frac{1}{2}=\frac{3}{2}$(L)の水が入っている。

操作②の後，Aには$\frac{1}{2}+\frac{3}{2}\times\frac{1}{3}=$**1**(L)，Bには$\frac{3}{2}\times(1-\frac{1}{3})=1$(L)の水が入っている。

(2)　操作③の後，Aには$1\times(1-\frac{1}{4})=\frac{3}{4}$(L)，Bには$1+\frac{1}{4}=1\frac{1}{4}$(L)の水が入っている。

よって，求める割合は，$1\frac{1}{4}\div1=$**$1\frac{1}{4}$**(倍)

(3)　操作④の後，Aには$\frac{3}{4}+1\frac{1}{4}\times\frac{1}{5}=\frac{3}{4}+\frac{1}{4}=1$(L)，Bには$1\frac{1}{4}\times(1-\frac{1}{5})=1$(L)の水が入っている。

操作⑤の後，Aには$1\times(1-\frac{1}{6})=\frac{5}{6}$(L)，Bには$1+\frac{1}{6}=\frac{7}{6}$(L)の水が入っている。

操作⑥の後，Aには$\frac{5}{6}+\frac{7}{6}\times\frac{1}{7}=1$(L)，Bには$\frac{7}{6}\times(1-\frac{1}{7})=$**1**(L)の水が入っている。

第4問

(1)　ウサギは$\frac{3}{45}=\frac{1}{15}$(時間)，つまり，$\frac{1}{15}\times60=$**4**(分)でゴールする。
カメの走る速さは時速$\frac{300}{1000}$km＝時速0.3kmだから，カメは$\frac{3}{0.3}=10$(時間)でゴールする。
したがって，カメが歩くと，ウサギはカメより，10時間－4分＝**9時間56分**早くゴールする。

(2)　カメの泳ぐ速さは，時速(0.3×80)km＝時速24kmだから，カメは泳ぐと$\frac{1.5}{24}=\frac{1}{16}$(時間)，つまり，
$(\frac{1}{16}\times60)$分$=\frac{15}{4}$分$=3\frac{3}{4}$分＝3分$(\frac{3}{4}\times60)$秒＝3分45秒でゴールする。ウサギは4分かかるので，**カメ**の方が
4分－3分45秒＝**15**秒早くゴールする。

第5問

(1)　円すいの底面積は3×3×3.14＝9×3.14(㎠)だから，体積は，9×3.14×4÷3＝12×3.14＝**37.68**(㎤)

(2)　**【解き方】(1)より，円すいの体積は12×3.14(㎤)と表せる。**

円柱の体積は12×3.14(㎤)だから，底面積は，12×3.14÷3＝4×3.14＝2×2×3.14(㎠)である。

よって，円柱の底面の半径は**2**cmである。

⑶　**【解き方】円すいの展開図は右図のようになる。また，柱体の側面積は，**

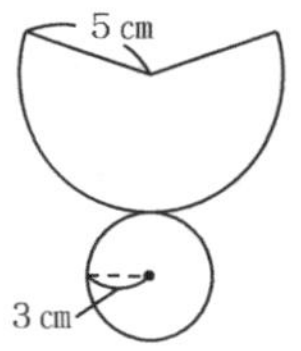

(底面の周の長さ)×(高さ)で求められる。

円すいの底面の周の長さは３×２×3.14＝６×3.14(cm)だから，側面のおうぎ形の曲線の長さも６×3.14(cm)である。半径が５cmの円の周の長さは５×２×3.14＝10×3.14(cm)だから，この円すいの側面のおうぎ形の面積は，半径５cmの円の面積の$\frac{6\times3.14}{10\times3.14}=\frac{3}{5}$(倍)なので，５×５×3.14×$\frac{3}{5}$＝15×3.14(cm²)　　なお，円すいの側面積は，(底面の半径)×(母線の長さ)×3.14＝３×５×3.14＝15×3.14(cm²)と求めることもできる。

円すいの底面積は９×3.14(cm²)だから，円すいの表面積は，15×3.14＋９×3.14＝24×3.14(cm²)

円柱の側面積は(２×２×3.14)×３＝12×3.14(cm²)，底面積は４×3.14(cm²)だから，円柱の表面積は，12×3.14＋(４×3.14)×２＝20×3.14(cm²)

よって，表面積は**円すい**の方が，24×3.14－20×3.14＝４×3.14＝**12.56**(cm²)大きい。

第６問

⑴　**【解き方】同じ形で対応する辺の比がａ：ｂの図形の面積比は，(ａ×ａ)：(ｂ×ｂ)となることを利用する。**

ＡＢ＝ＤＣ＝⑤とすると，ＡＥ＝③，ＥＢ＝②，ＤＧ＝②，ＧＣ＝③である。

ＡＢとＤＣが平行だから，三角形ＡＰＥと三角形ＣＰＤは同じ形で，対応する辺の比が，ＡＥ：ＣＤ＝③：⑤＝３：５である。よって，面積比は(３×３)：(５×５)＝９：25だから，三角形ＣＰＤの面積は，18×$\frac{25}{9}$＝**50**(cm²)

⑵　**【解き方】右のように作図すると，ＡＲとＤＣが平行だから，三角形ＢＦＲと三角形ＣＦＧ，三角形ＡＱＲと三角形ＣＱＧがそれぞれ同じ形となる。**

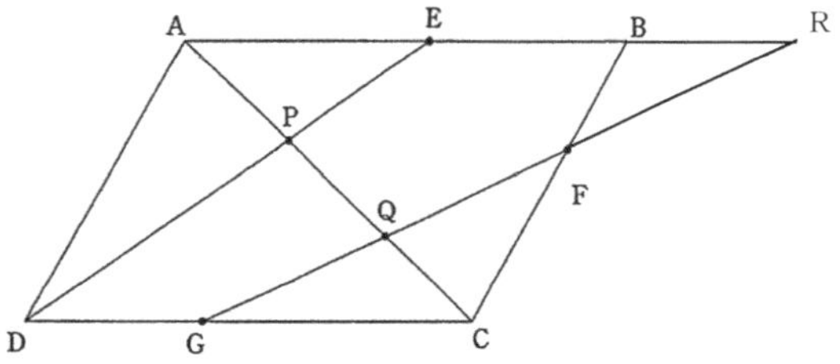

⑴をふまえる。三角形ＢＦＲと三角形ＣＦＧの対応する辺の比は，ＢＦ：ＣＦ＝２：３だから，

ＢＲ：ＣＧ＝２：３なので，

ＢＲ＝ＣＧ×$\frac{2}{3}$＝③×$\frac{2}{3}$＝②

三角形ＡＱＲと三角形ＣＱＧの対応する辺の比は，

ＡＲ：ＣＧ＝(⑤＋②)：③＝７：３だから，ＡＱ：ＣＱ＝**７：３**

⑶　**【解き方】⑴よりＡＰ：ＰＣ＝３：５，⑵よりＡＱ：ＱＣ＝７：３である。**

ＡＰ＝ＡＣ×$\frac{3}{3+5}$＝ＡＣ×$\frac{3}{8}$，ＡＱ＝ＡＣ×$\frac{7}{7+3}$＝ＡＣ×$\frac{7}{10}$，ＱＣ＝ＡＣ×$\frac{3}{7+3}$＝ＡＣ×$\frac{3}{10}$だから，

ＡＰ：ＡＱ：ＱＣ＝(ＡＣ×$\frac{3}{8}$)：(ＡＣ×$\frac{7}{10}$)：(ＡＣ×$\frac{3}{10}$)＝$\frac{3}{8}$：$\frac{7}{10}$：$\frac{3}{10}$＝15：28：12

よって，ＡＰ：ＰＱ：ＱＣ＝15：(28－15)：12＝**15：13：12**

2023 解答例 令和5年度 津田学園中学校

《国　語》

第一問　問1．a．あくえいきょう　b．割　c．認　d．否定　e．模型　　問2．1．民主　2．共感　3．一方　4．共感　　問3．イ　　問4．11　　問5．⑴子どももルールづくりに関わることでルールを守る気になれる。また、ルールはつねに意識できるようにホワイトボードに書き、現実にそぐわない点は話し合って修正していく。　⑵(賛成の例文)自分の意見や考えが反映されたルールは守ろうとする意識が強まり、また、現実にそぐわない点を修正できるところも納得がいくからだ。　　問6．子どものことを心配してゲームについてガミガミ叱る　　問7．(Aの例文)記憶力や集中力がつくなど、ゲームによって得られる能力がある。　問8．ウ

第二問　問1．a．かいさつ　b．反射　c．つか　d．朝礼　e．思春期　　問2．1．ウ　2．キ　3．ア　4．エ　X．イ　　問3．ア　　問4．⑴エ　⑵イ　　問5．混んでいる電車内で席を取っておくのは非常識だと気づかず、叱られたこと。　　問6．老人に叱られたことで、乗り物の席を取っておくことは、非常識でみっともないことだと思い知らされたから。　　問7．ウ　　問8．エ

《算　数》

第1問　⑴97　⑵0.583　⑶23　⑷9

第2問　x．30　y．75

第3問　⑴3　⑵5　⑶20

第4問　⑴16　⑵10　⑶4　⑷3，0

第5問　⑴37.68　⑵200.96　※⑶414.48

第6問　⑴2：1　⑵8：7　⑶$5\frac{5}{8}$

第7問　⑴ア．7000　イ．120　ウ．80　⑵4：11　※⑶満たしていない

※の式や説明は解説を参照してください。

《理　科》

第1問　(1)はいしゅが子ぼうにつつまれているかいないかの違い。　(2)子葉が1枚か2枚かの違い。　(3)葉脈…あみ目状か平行かの違い。　根…主根と側根に分かれているかひげ根かの違い。　(4)根，くき，葉の区別があるかないかの違い。　(5)根，くき，葉の区別があるものがシダ植物，ないものがコケ植物である。
(6)被子植物双子葉類…アブラナ／ヒマワリ　などから1つ　被子植物単子葉類…ツユクサ／トウモロコシ　などから1つ
裸子植物…マツ／イチョウ　などから1つ　種子をつくらない植物…イヌワラビ／ゼニゴケ　などから1つ

第2問　(1)エ　(2)20　(3)①　(4)イ　(5)50　(6)15　(7)40　(8)13.3　(9)2.5　(10)100　(11)汗が皮ふから蒸発することによって体から熱をうばう。

第3問　(1)②，⑤　(2)③，④，⑦　(3)①，⑥，⑧　(4)(ア)黄　(イ)緑　(ウ)青　(5)③水酸化カルシウム
⑤二酸化炭素　(6)酢

第4問　(1)A．ベテルギウス　色…赤　B．リゲル　色…青白　C．シリウス　色…青白　D．プロキオン　色…白
(2)①オリオン座　②おおいぬ座　(3)冬の大三角

第5問　(1)背骨があるかないかの違い。　(2)哺乳類…たい生　鳥類…卵生　(3)クモやムカデ…節足動物
タコやイカ…なん体動物　(4)両生類　(5)哺乳類／鳥類／は虫類／(両生類)　(6)は虫類／両生類／魚類
(7)①は虫類　②哺乳類　③鳥類　④両生類

《社　会》

第1問　問1．①輪中　②宇治　③琉球　④やませ　⑤かき　⑥加賀　⑦東北　⑧瀬戸　⑨からっ風　⑩天台
問2．冷害　問3．ア　問4．小型軽量で単価も高いので，輸送に高速道路や飛行機を利用しても採算がとれるため。　問5．イ　問6．エ　問7．エ，オ　問8．(1)A　(2)G　(3)D　問9．(1)オ
(2)金沢(市)　(3)ア　問10．(例文)岩手県を訪れ，世界遺産の中尊寺を見学し，おみやげとして南部鉄器を買って帰る。

第2問　問1．正式な貿易船と倭寇を区別するため。　問2．ウ　問3．イ　問4．ウ　問5．エ
問6．エ　問7．イ　問8．枕草子　問9．大塩(平八郎)の乱　問10．ウ　問11．(例文)現在の憲法では主権は国民にあるが，大日本帝国憲法では主権は天皇にあった点。　問12．下関条約　問13．B

第3問　問1．イ　問2．邪馬台国　問3．イ　問4．ア　問5．エ　問6．院政　問7．イ
問8．ウ　問9．これまでの武士の社会のしきたりを無視し，一部の公家を重視して，天皇中心の政治を行おうとしたからだね　問10．下の身分の者が上の身分の者を実力でたおして，権力をにぎること。
問11．イ　問12．ア　問13．五箇条の御誓文

第4問　問1．エ　問2．(賛成の例文)より多くの文化財・自然がその価値を認められ，世界遺産の登録によって保護・保全され，後世に引きつがれてほしいから。　問3．アメリカ　問4．イ　問5．エ　問6．ウ
問7．マニフェスト〔別解〕政権公約

津田学園中学校

第１問

⑴　与式＝120−92÷(16÷４)＝120−92÷４＝120−23＝**97**

⑵　与式＝0.17＋0.413＝**0.583**

⑶　与式＝(1.32＋0.42＋0.26)×11.5＝２×11.5＝**23**

⑷　与式より，68−72÷□＝5.4×$\frac{100}{9}$　　72÷□＝68−60　　□＝72÷８＝**9**

第２問

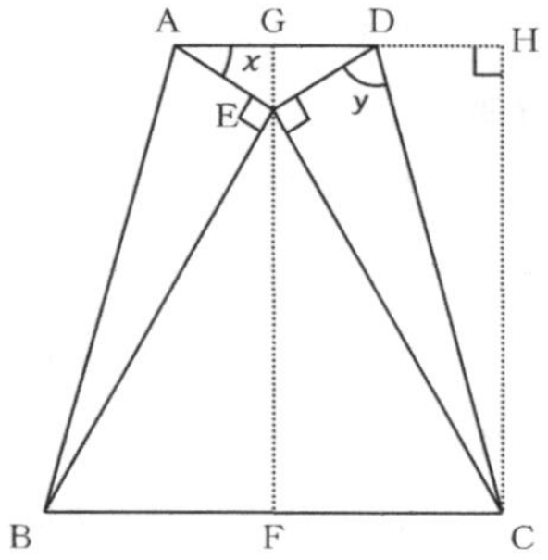

右図の三角形ＥＢＣはすべての辺が折り紙の１辺の長さと等しい正三角形である。

よって，角ＢＥＣ＝60°だから，角ＡＥＤ＝360°−90°×２−60°＝120°

三角形ＡＥＤはＡＥ＝ＤＥの二等辺三角形になるから，

角x＝角ＡＤＥ＝(180°−120°)÷２＝**30°**

次に，角ＨＤＥ＝180°−30°＝150°

角yは角ＨＤＣを折り返した角だから，角y＝150°÷２＝**75°**

第３問

⑴⑵　**【解き方】厚さ３cmの本を合計８冊入れるから，厚さ４cmの本を入れるスペースが合計(29＋43)−３×８＝48(cm)になる。このことから，厚さ４cmの本を上段と下段に何冊入れるかを考える。**

厚さ４cmの本は，合計48÷４＝12(冊)あり，下段の方が上段より２冊多いから，上段に(12−２)÷２＝**5**(冊)入る。よって，上段に厚さ３cmの本は，(29−４×５)÷３＝**3**(冊)入る。

⑶　厚さ３cmの本が８冊，厚さ４cmの本が12冊あるから，本は合計で８＋12＝**20**(冊)である。

第４問

⑴　**【解き方】流水算で必要になる計算をまとめると，次の表のようになる。**

(上りの速さ)＝(静水での速さ)−(川の流れの速さ) (下りの速さ)＝(静水での速さ)＋(川の流れの速さ)	(静水での速さ)＝{(下りの速さ)＋(上りの速さ)}÷２ (川の流れの速さ)＝{(下りの速さ)−(上りの速さ)}÷２

定期船が同じ道のりに対して，川を下るのにかかる時間と川を上るのにかかる時間の比は１$\frac{1}{2}$：２$\frac{1}{2}$＝$\frac{3}{2}$：$\frac{5}{2}$＝３：５である。同じ道のりを進むときの速さの比は，かかる時間の比の逆比になるから，下りと上りの速さの比は５：３となる。よって，下りの速さを⑤，上りの速さを③とすると，静水時の速さは(⑤＋③)÷２＝④となる。下りの速さは，30÷$\frac{3}{2}$＝20より，時速20kmだから静水時の速さは，20×$\frac{④}{⑤}$＝16より，時速**16**kmである。

⑵　**【解き方】同じ速さで進んだときの道のりは，進む時間に比例する。**

定期船はＡ町からＢ町まで１時間30分で移動するから，１時間進むと30×$\frac{1}{1.5}$＝20(km)だけ移動する。

よって，求める道のりは30−20＝**10**(km)である。

⑶　⑴の解説をふまえる。定期船は１時間あたり，下りだと20km，静水時だと16km進む。よって，川の流れの速さは，(20−16)÷１＝４より，時速**4**kmである。

⑷　ここまでの解説をふまえる。観光船の川を下る速さは30÷１$\frac{40}{60}$＝30÷$\frac{5}{3}$＝18より，時速18kmである。よって，観光船の川を上る速さは，18−４×２＝10より，時速10kmだから，求める時間は30÷10＝**3**(時間)である。

第５問

⑴　**【解き方】［図１］の図形を，ℓを軸として１回転させてできる立体は，図ｉのように底面の半径が３cmである円すいを２つつなげた図形である。**

図ｉ

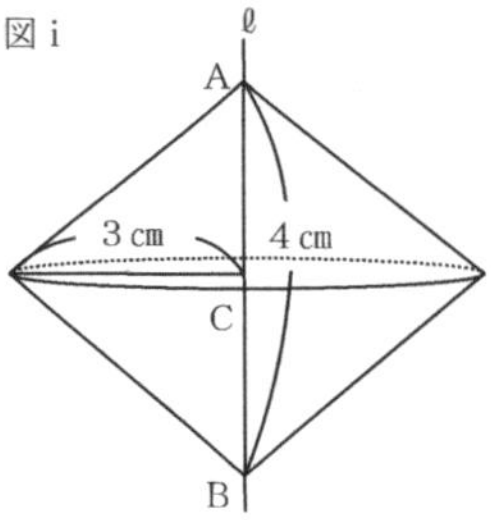

求める体積は，３×３×3.14×ＡＣ÷３＋３×３×3.14×ＢＣ÷３＝
３×3.14×(ＡＣ＋ＢＣ)＝３×3.14×ＡＢ＝３×3.14×４＝**37.68**(cm^3)

⑵　**【解き方】［図２］の図形を，ℓを軸として１回転させてできる立体は，図ⅱのように底面の半径が８cmの円すいから底面の半径が４cmの円すいを切り取り，さらに底面の半径が４cm，高さが３cmの円柱をくり抜《ぬ》いた図形である。**

図ⅱ

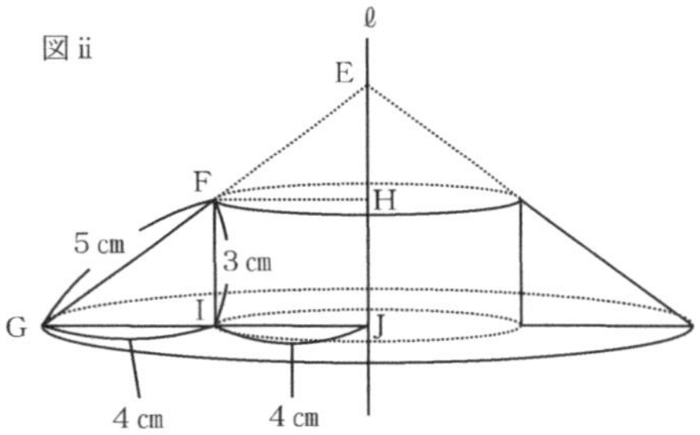

図ⅱのＦＨ//ＧＪ，ＦＨ＝ＧＩ＝４cmより，三角形ＥＦＨと三角形ＦＧＩは合同である。よって，底面の円の半径をＦＨ，高さをＥＨとする円すいの体積は，４×４×3.14×３÷３＝16×3.14(cm^3)である。

次に，底面の円の半径をＩＪ，高さをＦＩとする円柱の体積は，４×４×3.14×３＝48×3.14(cm^3)である。

また，底面の円の半径をＧＪ＝４×２＝８(cm)，高さをＥＪ＝３×２＝６(cm)とする円すいの体積は，
８×８×3.14×６÷３＝128×3.14(cm^3)である。

以上より，求める体積は，128×3.14－16×3.14－48×3.14＝(128－16－48)×3.14＝64×3.14＝**200.96**(cm^3)

⑶　**【解き方】求める立体の表面積を，底面，内側，側面に分けて考える。**

立体の底面積は，半径８cmの円の面積から半径４cmの円の面積を引いた値に等しいから，
８×８×3.14－４×４×3.14＝48×3.14(cm^2)である。

立体の内側の面積は，展開図を考えると，縦の長さが３cm，横の長さが(４×２×3.14)cmの長方形の面積となるから，３×(４×２×3.14)＝24×3.14(cm^2)である。

立体の側面積は，①底面の半径が８cm，母線の長さが５×２＝10(cm)の円すいの側面積から，②底面の半径が４cm，母線の長さが５cmの円すいの側面積を引いた値である。①は半径10cmの円の面積の$\frac{8\times2\times3.14}{10\times2\times3.14}=\frac{4}{5}$(倍)の面積だから，$10\times10\times3.14\times\frac{4}{5}$＝80×3.14(cm^2)である。②は半径５cmの円の面積の$\frac{4\times2\times3.14}{5\times2\times3.14}=\frac{4}{5}$(倍)の面積だから，$5\times5\times3.14\times\frac{4}{5}$＝20×3.14(cm^2)である。よって，①－②＝80×3.14－20×3.14＝60×3.14(cm^2)である。

以上より，求める表面積は，48×3.14＋24×3.14＋60×3.14＝132×3.14＝**414.48**(cm^2)

第６問

⑴　**【解き方】高さが等しい三角形の底辺の長さの比は面積の比と等しい。**

三角形ＥＣＦと三角形ＥＦＤの面積比は２：１であり，底辺をそれぞれＣＦ，ＦＤとしたときの高さが等しい。
よって，ＣＦ：ＦＤ＝**２：１**である。

⑵　⑴の解説をふまえる。三角形ＡＣＤと三角形ＡＤＢの面積比は４：１であり，底辺をそれぞれＣＤ，ＤＢとしたときの高さが等しい。よって，ＣＤ：ＤＢ＝４：１である。また，ＣＤ＝ＣＦ＋ＦＤであり，ＣＤ＝４とするとＣＦ＝$4\times\frac{2}{2+1}=\frac{8}{3}$，ＦＤ＝$4\times\frac{1}{2+1}=\frac{4}{3}$となるから，ＣＦ：ＦＤ：ＤＢ＝$\frac{8}{3}:\frac{4}{3}:1$＝８：４：３
ＦＢ＝ＦＤ＋ＤＢより，ＣＦ：ＦＢ＝８：(４＋３)＝**８：７**である。

⑶　**【解き方】これまでの考え方から，三角形ＡＤＥと三角形ＣＤＥの面積の比が１：３だから，ＡＥ：ＥＣ＝１：３である。**

ＥＣ＝ＡＣ×$\frac{3}{1+3}$＝ＡＣ×$\frac{3}{4}$＝15×$\frac{3}{4}$＝$\frac{45}{4}$(㎝)で，ＥＧ：ＧＣ＝１：１だから，ＧＣ＝$\frac{45}{4}$÷２＝$\frac{45}{8}$＝**$5\frac{5}{8}$**(㎝)

第７問

⑴　**【解き方】つるかめ算を利用してりんごとみかんの個数を求める。**

バナナ１個の値段は200×0.7＝140(円)だから，バナナ50個の値段は140×50＝**7000**(円)である。

りんごとみかんは合計で250－50＝200(個)売れ，売り上げは53000－7000＝46000(円)だった。

りんごが200個売れたとすると，合計金額は250×200＝50000(円)になり，実際より50000－46000＝4000(円)高くなる。りんご１個をみかん１個におきかえると，合計金額は250－200＝50(円)安くなるから，みかんの個数は，4000÷50＝**80**(個)である。また，りんごの個数は200－80＝**120**(個)である。

⑵　**【解き方】Ａセット，Ｂセットはそれぞれ個数の半分を20%引きの金額で売ったから，１個あたりの金額をもとの金額と20%引きの金額の平均として考える。**

Ａセットは2500円だから，20%引きの金額は2500×(１－0.2)＝2000(円)である。よって，Ａセットは１個あたり(2500＋2000)÷２＝2250(円)で売ったと考える。Ｂセットは2000円，20%引きの金額は2000×(１－0.2)＝1600(円)だから，Ｂセットは１個あたり(2000＋1600)÷２＝1800(円)で売ったと考える。

Ａセットが30個売れたとすると，合計金額は2250×30＝67500(円)になり，実際より67500－57600＝9900(円)高くなる。Ａセット１個をＢセット１個におきかえると，合計金額は2250－1800＝450(円)安くなるから，Ｂセットの個数は，9900÷450＝22(個)である。また，Ａセットの個数は30－22＝８(個)である。

したがって，用意したＡセットとＢセットの個数の比は，８：22＝**４：11**である。

⑶　**【解き方】果物を単価で売ったときの値段を求めて比べる。**

Ａセット１個に入っている果物を単価で売ると，250×５＋200×４＋140×６＝1250＋800＋840＝2890(円)となる。

用意したＡセットは８個だから，金額は2890×８＝23120(円)である。

Ｂセット１個に入っている果物を単価で売ると，250×３＋200×５＋140×４＝750＋1000＋560＝2310(円)となる。

用意したＢセットは22個だから，金額は2310×22＝50820(円)である。

よって，セット売りにした果物をすべて単価で売ったときの合計金額は23120＋50820＝73940(円)となる。

したがって，売り上げの減少は73940－57600＝16340(円)となり，16000円より多くなるので，

条件を**満たしていない**。

2022 解答例 令和４年度

★津田学園中学校

《国　語》

第１問　問１．ａ．むじゅん　ｂ．遺　ｃ．角　ｄ．幸福　ｅ．危険　問２．１．オ　２．ア　問３．〈ア〉
問４．⑴読書によって体験の動機づけを得たり体験の意味を確認できたりするので、根拠がない。
⑵(例文)私はこの意見に賛成です。なぜなら、物語に出てきた町に行こうと思ったり、主人公の言葉が、自分が言い表せなかった気持ちにぴったりだと感じたりしたことがあるからです。　問５．安心して自分を肯定でき、体験の意味を深めて、経験として次に生かしていけるから。　問６．共感　問７．自己形成のプロセスとして有効　問８．(Ａの例文)自信がなく不安な状態では、なかなか前に進めないから。　問９．ウ

第２問　問１．ａ．評判　ｂ．訪　ｃ．賃　ｄ．配達　ｅ．ほうそうし　問２．１．カ　２．ウ　３．ア　４．ク　Ｘ．オ　㋐手　問３．イ　問４．⑴Ⓔ　⑵るみ子さん　⑶ア　問５．少し早めに調整が必要となる状態にして、注文を途絶えさせないため。　問６．うちのピアノの音とはぜんぜんちがいますよ
問７．ピアノごとにちがう音の輝きを生かすのが調律師の仕事だと気付いて自信を取りもどし、「老人」の求める音を出せそうだと思った。　問８．エ

《算　数》

第１問　⑴12　⑵$2\frac{13}{16}$　⑶１　⑷$\frac{1}{9}$

第２問　x…153　y…26

第３問　⑴60　⑵260　⑶275

第４問　⑴24　⑵86.4　⑶120　⑷57.5

第５問　⑴28.26　⑵75.36　※⑶357.96

第６問　⑴比…３：４　底辺…ＡＰ　⑵２：５　⑶$29\frac{1}{6}$

第７問　⑴34　⑵492　※⑶229

※の式や説明は解説を参照してください。

《理　科》

第１問　(1)㋐ほ乳類　㋑両生類　㋒は虫類　㋓えら　㋔水中　㋕陸上　㋖空中　(a)ハト　(b)コウモリ（(a)と(b)は順不同）
(c)クジラ　(2)①肺ほう　②空気にふれる表面積が大きくなるから。　③毛細血管
④赤血球　(3)①骨を軽くして，飛びやすくするため。　②大きなからだを支えるため。
(4)①右図　支点…う　作用点…あ　力点…い　②エ　③４kg

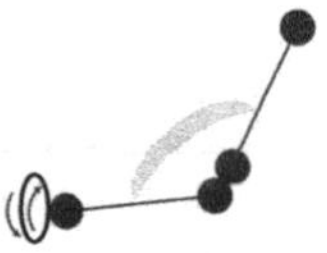

第２問　(1)ウ　(2)１．酸　２．アルカリ
３．炭酸　４．アンモニア水
５．中和　(3)右グラフ
(4)水酸化ナトリウム水溶液がなくなったから。　(5)㋐5.0　㋑7.5　㋒7.5

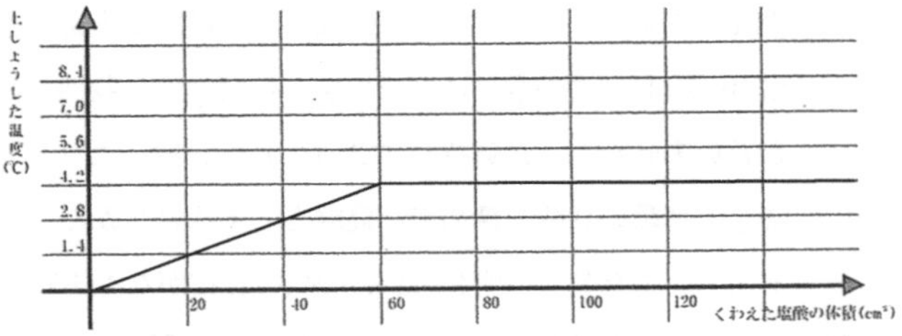

第３問　(1)炭酸カルシウム　(2)しょう乳洞
(3)二酸化炭素　(4)とう明になる。　(5)（イ），（エ）

第４問　(1)①う，お，き，け　②く　③か　(2)①お，け　②か
(3)（A）熱エネルギー　（B）光エネルギー
（C）化学エネルギー　（D）電気エネルギー　（E）光エネルギー　（F）光エネルギー　（G）化学エネルギー
（H）化学エネルギー　（I）熱エネルギー　(a)でんぷん　(b)光合成　(c)炭素

《社　会》

第１問　問１．①鉄砲　②ぶどう　③紀伊　④白神　⑤道後　⑥越後　⑦関東　⑧アイヌ　⑨備前　⑩水俣
問２．ウ　問３．イ　問４．エ　問５．食の多様化などで米の消費量が減り，米が余ってきたから。
問６．ウ　問７．オ　問８．ウ，カ　問９．(1)A　(2)D　(3)G　問10．(1)カ　(2)札幌市　(3)ウ
問11．（例文）北海道を訪れ，世界自然遺産の知床を散さくし，おみやげとしてタラバガニを買って帰る。

第２問　問１．鹿児島県　問２．西南戦争　問３．応仁の乱　問４．身分の下の者が，実力で身分の上の者に打ち勝って権力を手にする風潮。　問５．ア　問６．ウ　問７．天台宗　問８．家がらや身分にかかわらず，能力に応じて役人にとりたてるため。　問９．十七条の憲法　問10．富岡製糸場　問11．エ
問12．F

第３問　問１．ア　問２．イ　問３．平安京　問４．（例文）活躍した御家人を新たに地頭に任ずること。
問５．イ　問６．エ　問７．イ　問８．江戸幕府の将軍が政権を朝廷に返したこと。　問９．ア
問10．ウ　問11．エ

第４問　問１．北海道　問２．エ　問３．（例文）高齢者に対する社会保障費が増え，国の財政を圧迫すること。
問４．（賛成の例文）経済活動を制限すると，回復するのに長い年月が必要になる。感染は完全になくなることはないのだから，対策・対応しつつ，経済を優先するべきである。　問５．まん延　問６．イ
問７．連立

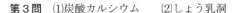

←解答例は前のページにありますので，そちらをご覧ください。

第１問

⑴　与式＝$3+27\times\frac{1}{15}\times5=3+9=12$

⑵　与式＝$\frac{15}{8}\times\frac{39}{100}\times\frac{50}{13}=\frac{45}{16}=2\frac{13}{16}$

⑶　与式＝$\{(4\times8-2)\div6\}\times0.2=30\div6\times0.2=5\times0.2=1$

⑷　$\frac{1}{n\times(n+2)}=(\frac{1}{n}-\frac{1}{n+2})\times\frac{1}{2}$に分けることができるから，

与式＝$(\frac{1}{3}-\frac{1}{5})\times\frac{1}{2}+(\frac{1}{5}-\frac{1}{7})\times\frac{1}{2}+(\frac{1}{7}-\frac{1}{9})\times\frac{1}{2}=(\frac{1}{3}-\frac{1}{9})\times\frac{1}{2}=(\frac{3}{9}-\frac{1}{9})\times\frac{1}{2}=\frac{2}{9}\times\frac{1}{2}=\frac{1}{9}$

第２問　**【解き方】右図のように記号をおき，角ア→角x→角イ→角ウ→角エ→角オ→角ｙの順に求めていく。**

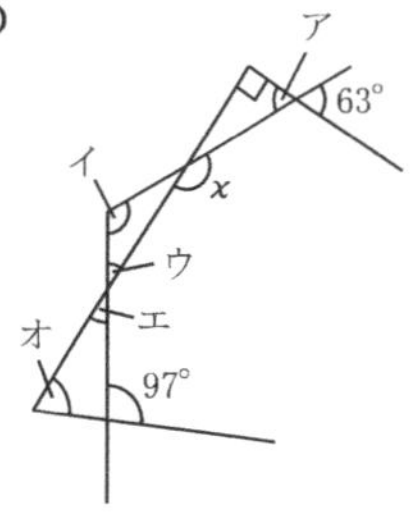

右図において，対頂角は等しいから，角ア＝63°

三角形の外角の性質から，角x＝90°＋角ア＝90°＋63°＝153°

正六角形の１つの内角だから，角イ＝120°

三角形の外角の性質から，角ウ＝角x－角イ＝153°－120°＝33°

対頂角は等しいから，角エ＝角ウ＝33°　　三角形の外角の性質から，角オ＝97°－角エ＝97°－33°＝64°

直角三角形の内角の和から，角y＝180°－90°－角オ＝180°－90°－64°＝26°

第３問

⑴　240×0.25＝60(人)

⑵　**【解き方】横を人数，縦を割合とした面積図で考える。２年生全体の生徒数を$\boxed{100}$人，３年生全体の生徒数を($\boxed{100}$＋15)人と表せる。**

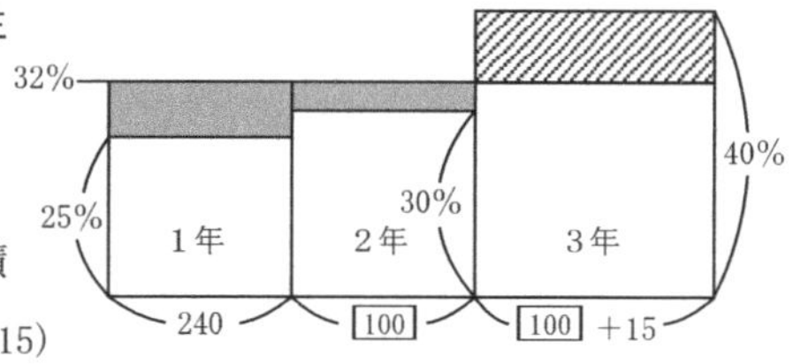

右図の色をつけた長方形の面積の和と，斜線をつけた長方形の面積について，(32－25)×240＋(32－30)×$\boxed{100}$＝(40－32)×($\boxed{100}$＋15)

が成り立つ。1680＋$\boxed{200}$＝$\boxed{800}$＋120より，$\boxed{800}$－$\boxed{200}$＝$\boxed{600}$は，1680－120＝1560(人)にあたるから，

２年生の生徒数は，$\boxed{100}$＝1560÷６＝260(人)

⑶　３年生は２年生より15人多いから，260＋15＝275(人)

第４問

⑴　**【解き方】右のように橋とトンネルをつなげて考えるとわかりやすい。**

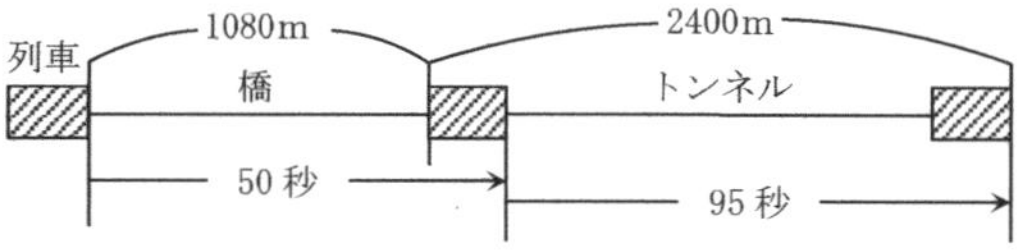

1080＋2400＝3480(m)を50＋95＝145(秒)で進んだから，

列車の速さは，秒速(3480÷145)m＝秒速24m

⑵　**【解き方】秒速○mを時速□kmにするときは，○×3600÷1000をする。**

秒速24m＝時速(24×3600÷1000)km＝時速86.4km

⑶　**【解き方】問題文より，(列車の長さ)＋(橋の長さ)を進むのに50秒かかっている。**

50秒間に24×50＝1200(m)進んだから，列車の長さは，1200－1080＝120(m)

⑷　**【解き方】列車全体が隠れているのは，(トンネルの長さ)－(列車の長さ)を進んでいる間の時間である。**

1500－120＝1380(m)進むのにかかる時間は，1380÷24＝57.5(秒)

第５問

⑴　**【解き方】図１を１回転させてできる立体は，右図のようになる。**

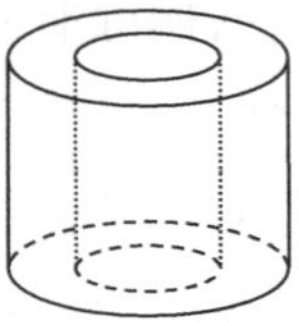

底面の半径が１＋１＝２(cm)で高さが３cmの円柱から，底面の半径が１cmで高さが３cmの円柱をくり抜《ぬ》いた図形だから，体積は２×２×3.14×３－１×１×3.14×３＝

(12－３)×3.14＝９×3.14＝28.26(㎤)

⑵　**【解き方】底面積，内側の側面積，外側の側面積に分けて求める。**

柱体の側面積は，(柱体の高さ)×(底面の周の長さ)で求めることができる。

底面積は，２×２×3.14－１×１×3.14＝３×3.14(㎠)

内側の側面積は，３×(１×２×3.14)＝６×3.14(㎠)

外側の側面積は，３×(２×２×3.14)＝12×3.14(㎠)

底面は上下に２個あるから，表面積は，(３×3.14)×２＋(６×3.14)＋(12×3.14)＝(６＋６＋12)×3.14＝24×3.14＝75.36(㎠)

⑶　**【解き方】図２を１回転させてできる立体は右図のようになる。アからエの部分に分けて求めていく。**

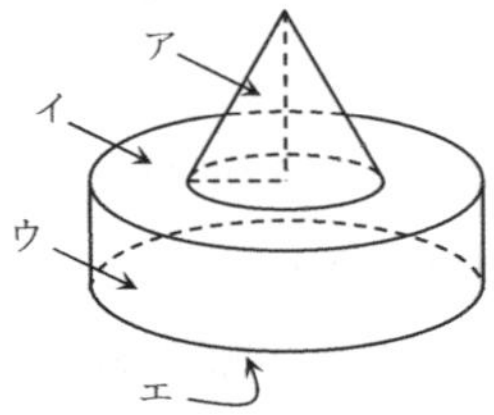

円すいの側面積は，(底面の半径)×(母線の長さ)×3.14で求めることができる。

上にのっている円すいは，底面の半径が３cmで母線の長さが５cmだから，

アの面積は，３×５×3.14＝15×3.14(㎠)

イの面積は，６×６×3.14－３×３×3.14＝(36－９)×3.14＝27×3.14(㎠)

ウの面積は，３×(６×２×3.14)＝36×3.14(㎠)

エの面積は，６×６×3.14＝36×3.14(㎠)

よって，表面積は，(15×3.14)＋(27×3.14)＋(36×3.14)＋(36×3.14)＝114×3.14＝357.96(㎠)

第６問

⑴　**【解き方】右のように作図すると，底辺をＡＰとしたときの三角形ＡＢＰの高さはＢＥ，三角形ＡＣＰの高さはＣＦになる。**

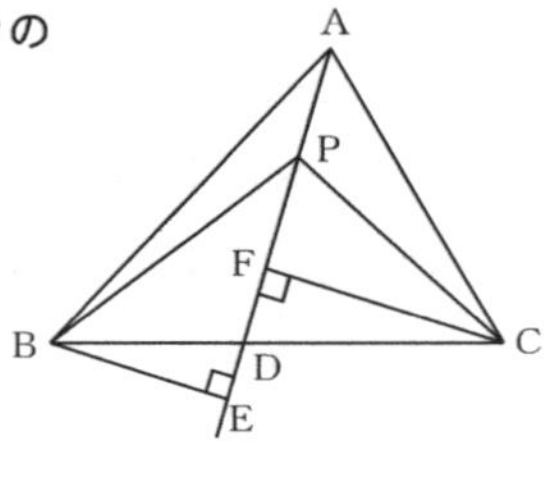

三角形ＢＥＤと三角形ＣＦＤは同じ形の直角三角形になるから，

ＢＥ：ＣＦ＝ＢＤ：ＣＤ＝３：４になる。よって，三角形ＡＢＰと三角形ＡＣＰの面積の比は，高さの比に等しく３：４である。

⑵　**【解き方】「性質２」のyの役目を三角形ＡＢＰにする。**

「性質１」を利用すると，高さの等しい三角形の面積の比は底辺の長さの比に等しいともいえるので，

ＡＰ：ＰＤの値は，三角形ＡＣＰと三角形ＰＤＣの面積の比に等しくなる。

三角形ＡＣＰと三角形ＡＢＰの面積の比は４：３で，三角形ＡＢＰと三角形ＰＤＣの面積の比が３：10だから，

「性質２」を利用すると，三角形ＡＣＰと三角形ＰＤＣの面積の比は，４：10＝２：５である。

よって，ＡＰ：ＰＤも２：５である。

⑶　**【解き方】⑵の条件を加えて考える。**

三角形ＡＢＰと三角形ＰＢＤの面積の比はＡＰ：ＰＤ＝２：５だから，三角形ＰＢＤの面積は，$5\times\frac{5}{2}=\frac{25}{2}$(㎠)

三角形ＰＢＤと三角形ＰＢＣの面積の比はＢＤ：ＢＣ＝３：(３＋４)＝３：７だから，

三角形ＰＢＣの面積は，$\frac{25}{2}\times\frac{7}{3}=\frac{175}{6}=29\frac{1}{6}$(㎠)

第７問

⑴　**【解き方】それぞれのカードに書かれている一番大きい数は，３の倍数である。**

100÷３＝33 余り１より，99 が 33 枚目のカードの一番大きい数だから，100 は 34 枚目に書かれている。

⑵　**【解き方】⑴をふまえると，55 枚目のカードに書かれている一番大きい数は，３×55＝165 である。**

55 枚目のカードには，163，164，165 が書かれているから，その和は，163＋164＋165＝492

⑶　**【解き方】連続する３つの整数の和は，真ん中の数の３倍に等しいことを利用する。**

書かれた３つの数の和が 690 になるカードの真ん中の数は，690÷３＝230 だから，左端の数は，229

2021 解答例
令和３年度

★津田学園中学校

《国　語》

第１問　問１．a．似　b．油断　c．率　d．評価　e．しりしよく　　問２．１．ウ　２．カ　X．キ　Y．エ　問３．〈イ〉　　問４．(五)　　問５．⑴その場凌ぎや詰め込みだったとしても、勉強をすれば知識が身につき、いずれ役に立つ。　⑵(例文)私はこの意見に賛成です。なぜなら、地理や歴史を知らないと国際情勢を理解することができないというように、知識がないと出来事を正しくとらえられないと思うからです。

問６．「できる子〔別解〕なぜそうな／だいたい勉　　問７．面白いと思える英語の本を選ぶという段階。

問８．(例文)Ａ　理由…自分の意志で学ぼうとすると、楽しく感じられるから。　　問９．ウ

第２問　問１．a．こきざ　b．利発　c．荷　d．独　e．お　　問２．１．オ　２．イ　X．ア　Y．キ　Z．シ　㋐首　㋑手　　問３．イ　　問４．⑴Ⓒ　⑵Ⓗわたし　Ⓙ母親　　問５．母親が目をさましたのを見て、電車の話をすることで、早く兄弟ゲンカを終わらせてあげようと思ったから。　　問６．電車が好きな子どもの心をつかめるところ。　　問７．ウ　　問８．ア

《算　数》

第１問　⑴15.5　　⑵$16\frac{1}{4}$　　⑶15　　⑷$1\frac{3}{5}$

第２問　x．30　　y．75

第３問　⑴１：２　　⑵５　　⑶15

第４問　⑴20　　⑵$19\frac{3}{7}$　　⑶1260　　⑷59

第５問　⑴1000　　⑵$10\frac{1}{3}$　　※⑶９

第６問　⑴２：３　　⑵４：３　　⑶$5\frac{1}{7}$

第７問　⑴38　　⑵11　　※⑶(６，21)

※の式や説明は解説を参照してください。

《理　科》

第１問　⑴酸化銅　　⑵右グラフ　　⑶４：１　　⑷３ｇ

⑸銅…220ｇ　酸素…55ｇ

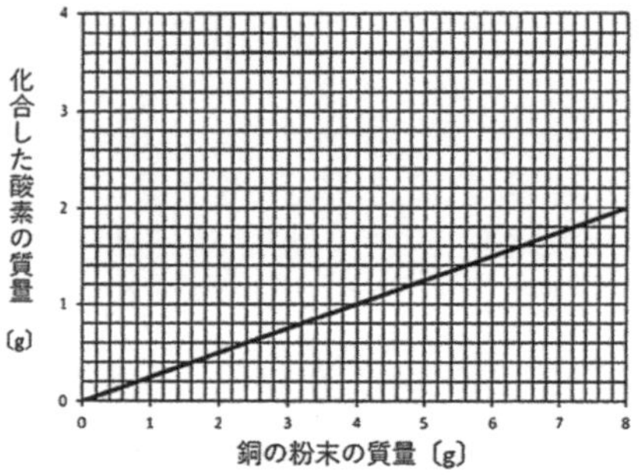

第２問　⑴①ｂ　②ａ　③ｂ　④ｃ　⑤ａ　　⑵Ｂ．黄色　Ｄ．緑色　Ｆ．青色　　⑶食塩　　⑷食塩5.6ｇ／水酸化ナトリウム１ｇ　⑸Ａ，Ｂ，Ｃ／水素

第３問　⑴百葉箱　　⑵白色のものは光を反射しやすいから。　　⑶イ　⑷エ　　⑸扉をあけたときに直射日光が入りにくいから。　⑹日光の照り返しを防ぐため。

第４問　⑴②ウ　④イ　　⑵①Ａ　③Ａ　　⑶北極星　　⑷６時間　　⑸イ　⑹Ｃ．デネブ　Ｄ．ベガ　Ｅ．アルタイル　　⑺夏の大三角

第５問　⑴１．頭部　２．胸部　３．腹部　４．複眼　５．単眼　６．触角　７．バッタ　８．鼻　９．肺

⑵①オシロスコープ　②５時間40分１秒

第６問　⑴ウ　⑵ウ　⑶ア　⑷イ　⑸①卵黄　②栄養分をたくわえる。　③子葉

⑹卵を水草にからみつかせる役割。

第７問　⑴Ｂ　⑵Ａ，Ｃ，Ｄ　⑶ａ．ア　ｂ．ウ　ｃ．なし　⑷イ　⑸イ　⑹イ

第８問　⑴ウ　⑵エ　⑶ウ　⑷Ａ．吹く　Ｂ．下がる　Ｃ．ａ　Ｄ．ｂ

《社　会》

第１問　問１．①松江　②津軽　③潮岬　④小豆島　⑤九十九里　⑥フェーン　⑦温泉　⑧輪中　⑨温室　⑩アルプス

問２．ウ　問３．エ　問４．ウ　問５．川の高さより低い位置に土地があるために，大雨が降ると洪水が起きやすいから。　問６．京都議定書　問７．オ　問８．ウ，カ　問９．⑴Ｅ　⑵Ｆ　⑶Ｊ

問10．⑴カ　⑵高松市　⑶ウ　問11．（例文１）島根県を訪れ，世界遺産の石見銀山を見学し，夕食でシジミ汁を食べて帰る。　（例文２）京都府を訪れ，世界遺産の金閣を見学し，西陣織の財布を買って帰る。

第２問　問１．①ワン　②緊急　③Ｇｏ　Ｔｏ　問２．イ　問３．ウ

問４．（例文１）私は…賛成　理由…キャンペーンを行うことで，観光業・飲食業にかかわる多くの人々を助けることができるから。　（例文２）私は…反対　理由…多くの人々が県をまたいで移動することで，感染が拡大するリスクが高まるから。　問５．閣議　問６．ウ

第３問　問１．ウ　問２．前方後円墳　問３．エ　問４．法隆寺　問５．イ　問６．勘合と呼ばれた割符を持たせ，それを合わせて正しい文字になるか確認した。　問７．エ　問８．⑴浮世絵　⑵イ

問９．文明開化　問10．エ

第４問　問１．ア　問２．西南戦争　問３．生類憐みの令　問４．エ　問５．大化の改新　問６．公地公民

問７．望月　問８．ア　問９．武家や公家を無視して，天皇に権力を集中させた政治を行うことで，世の中が乱れたから。　問10．ア　問11．ウ　問12．Ｅ

【算数の解説】

第１問

⑴　与式＝54÷４＋２＝13.5＋２＝15.5

⑵　与式＝$\frac{31}{5}\times13\times\frac{25}{124}=\frac{65}{4}=16\frac{1}{4}$

⑶　与式＝0.6×50−15＝30−15＝15

⑷　与式＝$1+\frac{1}{3}+\frac{1}{6}+\frac{1}{10}=1+\frac{10}{30}+\frac{5}{30}+\frac{3}{30}=1+\frac{18}{30}=1\frac{3}{5}$

第２問　**【解き方】正方形の１つの角は90°，正三角形の１つの角は60°である。**

また，図形の中に二等辺三角形があることに注目する。

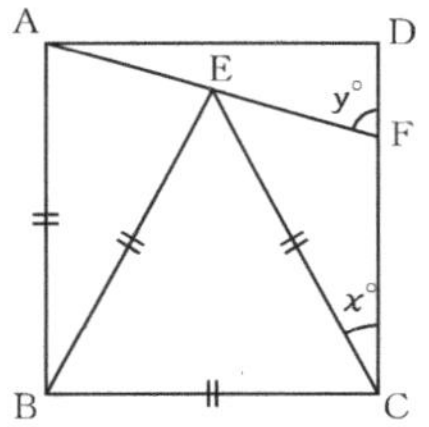

四角形ＡＢＣＤは正方形だから，角ＢＣＤ＝90°

三角形ＥＢＣは正三角形だから，角ＢＣＥ＝60°　よって，x＝90−60＝30

右図より，三角形ＡＢＥはＡＢ＝ＥＢの二等辺三角形であり，

角ＡＢＥ＝角ＤＣＥ＝30°より，角ＢＡＥ＝（180°−30°）÷２＝75°である。

ＡＢとＤＣが平行だから，平行線の錯角は等しいので，角ＡＦＤ＝角ＢＡＥ＝75°　よって，y＝75

第３問

⑴　**【解き方】今年の５年生は昨年の４年生である。**

今年の５年生＝昨年の４年生だから，今年の５年生の部員数と今年の４年生の部員数の比率は，１：２

⑵　**【解き方】今年の部員数と昨年の部員数が変わらないということは，今年の４年生の部員数と昨年の６年生の部員数は等しいということになる。**

⑴より，今年の５年生の部員数を①とすると，今年の４年生の部員数は②と表せる。今年の４年生の部員数と昨年の６年生の部員数は等しく，今年の６年生の部員数は昨年の６年生の部員数の 150％だから，今年の６年生の部員数は，②×1.50＝③と表せる。今年の部員数は昨年と同じ 30 人だから，②＋①＋③＝⑥が 30 人にあたる。

よって，今年の５年生の部員数①＝30÷６＝５(人)

⑶　**【解き方】昨年の５年生は今年の６年生である。⑵から求める。**

昨年の５年生は今年の６年生だから，⑵の解説をふまえると，③＝５×３＝15(人)

第４問

⑴　**【解き方】Ａ地点からＣ地点までの 1000ｍを，毎分 50ｍで歩いたことになる。**

かかった時間は，1000÷50＝20(分)

⑵　**【解き方】Ａ地点からＣ地点までが 1000ｍなら，Ｃ地点からＢ地点までは 2360－1000＝1360(ｍ)になる。**

かかった時間は，1360÷70＝$\frac{136}{7}$＝19$\frac{3}{7}$(分)

⑶　**【解き方】Ａ地点からＣ地点までの道のりを求め，次にＣ地点からＢ地点までの道のりを求める。**

Ａ地点からＣ地点までは，毎分 50ｍの速さで 22 分歩いたから，その道のりは，50×22＝1100(ｍ)

よって，Ｃ地点からＢ地点までの道のりは，2360－1100＝1260(ｍ)

⑷　**【解き方】平均の速さは，Ａ地点からＢ地点までにかかった時間で道のりを割って求める。速さの平均を出さないように注意する。**

⑶より，Ｃ地点からＢ地点までは 1260÷70＝18(分)かかったから，Ａ地点からＢ地点までは 22＋18＝40(分)かかったことになる。よって，平均の速さは，毎分(2360÷40)ｍ＝毎分 59ｍ

第５問

⑴　５×10×20＝1000(㎤)

⑵　**【解き方】底面から水面までの直方体の体積は，水の体積と直方体を水にしずめた部分の体積の和に等しい。**

水の体積は，20×30×10＝6000(㎤)で，直方体を水にしずめた部分の体積は５×10×４＝200(㎤)だから，底面から水面までの直方体の体積は，6000＋200＝6200(㎤)になる。よって，高さは，6200÷(20×30)＝$\frac{31}{3}$＝10$\frac{1}{3}$(㎝)

⑶　**【解き方】⑵で水の体積を求めたから，直方体を水にしずめた部分の体積がわかる。**

高さが容器の底から 11.5 ㎝の直方体の体積は 20×30×11.5＝6900(㎤)で，水の体積が 6000 ㎤だから，直方体を水にしずめた部分の体積は，6900－6000＝900(㎤)になる。直方体は，ＡＢＦＥを底面としてしずめたから，しずんでいる部分の高さは，900÷(５×20)＝９(㎝)

第６問

⑴　**【解き方】ＡＤとＢＣは平行だから，三角形ＡＦＤと三角形ＣＦＢは同じ形の三角形である。**

三角形ＡＦＤと三角形ＣＦＢは同じ形の三角形だから，ＡＦ：ＣＦ＝ＡＤ：ＣＢ＝10：15＝２：３

⑵　**【解き方】右のように作図して，ＤＨの長さを求めることで，ＡＧ：ＧＣを求める。**

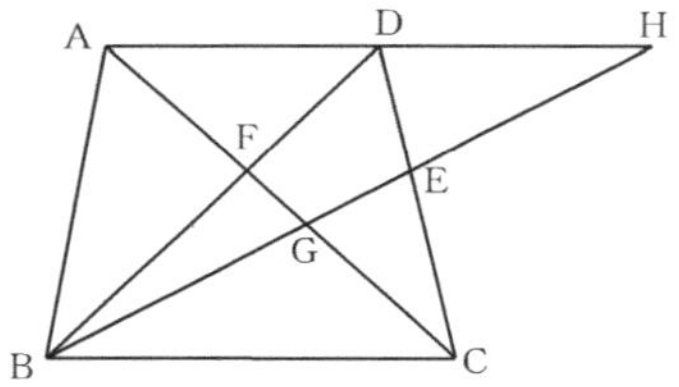

右のように作図すると，三角形ＤＥＨと三角形ＣＥＢは同じ形になり，ＤＨ：ＣＢ＝ＤＥ：ＣＥ＝２：３だから，ＤＨ＝ＢＣ×$\frac{2}{3}$＝15×$\frac{2}{3}$＝10(㎝)である。

同様にして，三角形ＡＧＨと三角形ＣＧＢは同じ形になり，ＡＧ：ＣＧ＝ＡＨ：ＣＢ＝(10＋10)：15＝４：３

⑶　**【解き方】高さの等しい三角形の面積の比は，底辺の長さの比に等しいことを利用して考える。そのためには，ＦＧ：ＡＣがわかればよい。**

⑴より，ＡＦ：ＦＣ＝２：３だから，ＡＦ：ＡＣ＝２：(２＋３)＝２：５より，ＡＦ＝ＡＣ×$\frac{2}{5}$である。

⑵より，ＡＧ：ＧＣ＝４：３だから，ＧＣ：ＡＣ＝３：(４＋３)＝３：７より，ＧＣ＝ＡＣ×$\frac{3}{7}$である。

ＦＧ＝ＡＣ－ＡＦ－ＧＣ＝ＡＣ－ＡＣ×$\frac{2}{5}$－ＡＣ×$\frac{3}{7}$＝ＡＣ×(１－$\frac{2}{5}$－$\frac{3}{7}$)＝ＡＣ×$\frac{6}{35}$だから，

ＦＧ：ＡＣ＝(ＡＣ×$\frac{6}{35}$)：ＡＣ＝６：35である。

三角形ＡＢＣと三角形ＡＣＤは高さが同じ三角形なので，面積の比は底辺の長さの比に等しく，

ＢＣ：ＡＤ＝15：10＝３：２で，面積の和が50㎠だから，三角形ＡＢＣの面積は，50×$\frac{3}{3+2}$＝30(㎠)

三角形ＡＢＣと三角形ＢＧＦは高さが同じ三角形なので，同様にして，ＦＧ：ＡＣ＝６：35より，三角形ＢＧＦの面積は，30×$\frac{6}{35}$＝$\frac{36}{7}$＝５$\frac{1}{7}$(㎠)

第７問

⑴　**【解き方】たてに並んだ数の規則性，横に並んだ数の規則性をみつける。**

同じ行の数のならびについて，一番左の行の数と，左から２番目の行の数を比べるとそれぞれ14ずつ増えていることがわかる。左から２番目の行の数と左から３番目の行の数を比べても14ずつ増えている。よって，左から１行増えるごとに14を足していることがわかる。(５，１)の数は10だから，(５，３)は10に14を２回足した，

10＋14×２＝38

⑵　**【解き方】一番左のたて１列の数の和は，２＋４＋６＋８＋10＋12＋14＝(２＋14)×７÷２＝56であり，行が１つ右にずれると，列の数の合計は14×７＝98増えることがわかる。**

左からy行目のたて１列の数の和は，56＋(y－１)×98になる。56＋(y－１)×98＝1000を解くと，

(y－１)×98＝944　　y－１＝944÷98　　y－１＝9.6…となることから，y－１が10になると，たて１列の和が1000をこえる。これは左から，10＋１＝11(行目)である。

⑶　**【解き方】292が上から何行目にいるかを考える。**

一番上の行は，２，16，30，…となっていて，７で割ると２余る数である。同じように考えると，上から２行目は７で割ると４余る数，上から３行目は７で割ると６余る数，上から４行目は７で割ると１余る数，上から５行目は７で割ると３余る数，上から６行目は７で割ると５余る数，上から７行目は７で割ると割り切れる数である。

292÷７＝41余り５だから，292は上から６行目の数なので，x＝６である。

292＝12＋(y－１)×14と考えると，(y－１)×14＝280　　y－１＝20　　y＝20＋１＝21

よって，292＝(６，21)

■ ご使用にあたってのお願い・ご注意

（１）問題文等の非掲載

著作権上の都合により，問題文や図表などの一部を掲載できない場合があります。

誠に申し訳ございませんが，ご了承くださいますようお願いいたします。

（２）過去問における時事性

過去問題集は，学習指導要領の改訂や社会状況の変化，新たな発見などにより，現在とは異なる表記や解説になっている場合があります。過去問の特性上，出題当時のままで出版していますので，あらかじめご了承ください。

（３）配点

学校等から配点が公表されている場合は，記載しています。公表されていない場合は，記載していません。

独自の予想配点は，出題者の意図と異なる場合があり，お客様が学習するうえで誤った判断をしてしまう恐れがあるため記載していません。

（４）無断複製等の禁止

購入された個人のお客様が，ご家庭でご自身またはご家族の学習のためにコピーをすることは可能ですが，それ以外の目的でコピー，スキャン，転載（ブログ，ＳＮＳなどでの公開を含みます）などをすることは法律により禁止されています。学校や学習塾などで，児童生徒のためにコピーをして使用することも法律により禁止されています。

ご不明な点や，違法な疑いのある行為を確認された場合は，弊社までご連絡ください。

（５）けがに注意

この問題集は針を外して使用します。針を外すときは，けがをしないように注意してください。また，表紙カバーや問題用紙の端で手指を傷つけないように十分注意してください。

（６）正誤

制作には万全を期しておりますが，万が一誤りなどがございましたら，弊社までご連絡ください。

なお，誤りが判明した場合は，弊社ウェブサイトの「ご購入者様のページ」に掲載しておりますので，そちらもご確認ください。

■ お問い合わせ

解答例，解説，印刷，製本など，問題集発行におけるすべての責任は弊社にあります。

ご不明な点がございましたら，弊社ウェブサイトの「お問い合わせ」フォームよりご連絡ください。迅速に対応いたしますが，営業日の都合で回答に数日を要する場合があります。

ご入力いただいたメールアドレス宛に自動返信メールをお送りしています。自動返信メールが届かない場合は，「よくある質問」の「メールの問い合わせに対し返信がありません。」の項目をご確認ください。

また弊社営業日（平日）は，午前９時から午後５時まで，電話でのお問い合わせも受け付けています。

2025 春

株式会社教英出版

〒422-8054　静岡県静岡市駿河区南安倍３丁目 12-28

TEL　054-288-2131　　FAX　054-288-2133

URL　https://kyoei-syuppan.net/

MAIL siteform@kyoei-syuppan.net

教英出版　2025年春受験用　中学入試問題集

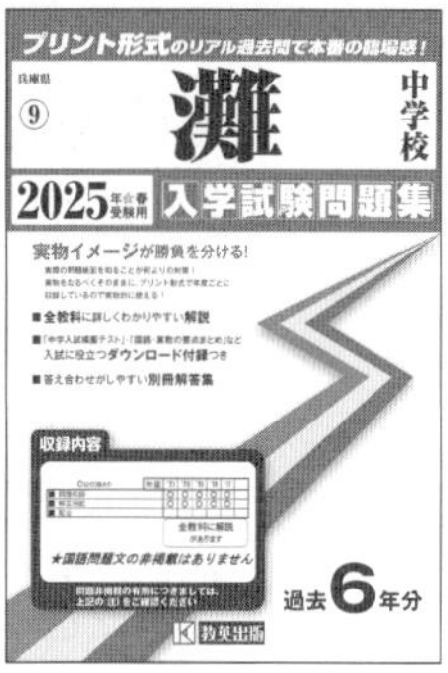

学校別問題集

✿はカラー問題対応

北海道

①[市立]札幌開成中等教育学校
②藤女子中学校
③北嶺中学校
④北星学園女子中学校
⑤札幌大谷中学校
⑥札幌光星中学校
⑦立命館慶祥中学校
⑧函館ラ・サール中学校

青森県

①[県立]三本木高等学校附属中学校

岩手県

①[県立]一関第一高等学校附属中学校

宮城県

①[県立]宮城県古川黎明中学校
②[県立]宮城県仙台二華中学校
③[市立]仙台青陵中等教育学校
④東北学院中学校
⑤仙台白百合学園中学校
⑥聖ウルスラ学院英智中学校
⑦宮城学院中学校
⑧秀光中学校
⑨古川学園中学校

秋田県

①[県立]
大館国際情報学院中学校
秋田南高等学校中等部
横手清陵学院中学校

山形県

①[県立]
東桜学館中学校
致道館中学校

福島県

①[県立]
会津学鳳中学校
ふたば未来学園中学校

茨城県

①[県立]
日立第一高等学校附属中学校
太田第一高等学校附属中学校
水戸第一高等学校附属中学校
鉾田第一高等学校附属中学校
鹿島高等学校附属中学校
土浦第一高等学校附属中学校
竜ヶ崎第一高等学校附属中学校
下館第一高等学校附属中学校
下妻第一高等学校附属中学校
水海道第一高等学校附属中学校
勝田中等教育学校
並木中等教育学校
古河中等教育学校

栃木県

①[県立]
宇都宮東高等学校附属中学校
佐野高等学校附属中学校
矢板東高等学校附属中学校

群馬県

①
[県立]中央中等教育学校
[市立]四ツ葉学園中等教育学校
[市立]太田中学校

埼玉県

①[県立]伊奈学園中学校
②[市立]浦和中学校
③[市立]大宮国際中等教育学校
④[市立]川口市立高等学校附属中学校

千葉県

①[県立]
千葉中学校
東葛飾中学校
②[市立]稲毛国際中等教育学校

東京都

①[国立]筑波大学附属駒場中学校
②[都立]白鷗高等学校附属中学校
③[都立]桜修館中等教育学校
④[都立]小石川中等教育学校
⑤[都立]両国高等学校附属中学校
⑥[都立]立川国際中等教育学校
⑦[都立]武蔵高等学校附属中学校
⑧[都立]大泉高等学校附属中学校
⑨[都立]富士高等学校附属中学校
⑩[都立]三鷹中等教育学校
⑪[都立]南多摩中等教育学校
⑫[区立]九段中等教育学校
⑬開成中学校
⑭麻布中学校
⑮桜蔭中学校
⑯女子学院中学校
✿⑰豊島岡女子学園中学校
⑱東京都市大学等々力中学校
⑲世田谷学園中学校
✿⑳広尾学園中学校(第2回)
✿㉑広尾学園中学校(医進・サイエンス回)
㉒渋谷教育学園渋谷中学校(第1回)
㉓渋谷教育学園渋谷中学校(第2回)
㉔東京農業大学第一高等学校中等部(2月1日 午後)
㉕東京農業大学第一高等学校中等部(2月2日 午後)

神奈川県

①[県立] 相模原中等教育学校
平塚中等教育学校
②[市立]南高等学校附属中学校
③[市立]横浜サイエンスフロンティア高等学校附属中学校
④[市立]川崎高等学校附属中学校
✿⑤聖光学院中学校
✿⑥浅野中学校
⑦洗足学園中学校
⑧法政大学第二中学校
⑨逗子開成中学校(1次)
⑩逗子開成中学校(2·3次)
⑪神奈川大学附属中学校(第1回)
⑫神奈川大学附属中学校(第2·3回)
⑬栄光学園中学校
⑭フェリス女学院中学校

新潟県

①[県立] 村上中等教育学校
柏崎翔洋中等教育学校
燕中等教育学校
津南中等教育学校
直江津中等教育学校
佐渡中等教育学校
②[市立]高志中等教育学校
③新潟第一中学校
④新潟明訓中学校

石川県

①[県立]金沢錦丘中学校
②星稜中学校

福井県

①[県立]高志中学校

山梨県

①山梨英和中学校
②山梨学院中学校
③駿台甲府中学校

長野県

①[県立] 屋代高等学校附属中学校
諏訪清陵高等学校附属中学校
②[市立]長野中学校

岐阜県

①岐阜東中学校
②鶯谷中学校
③岐阜聖徳学園大学附属中学校

静岡県

①[国立]静岡大学教育学部附属中学校
(静岡·島田·浜松)
② [県立]清水南高等学校中等部
[県立]浜松西高等学校中等部
[市立]沼津高等学校中等部
③不二聖心女子学院中学校
④日本大学三島中学校
⑤加藤学園暁秀中学校
⑥星陵中学校
⑦東海大学付属静岡翔洋高等学校中等部
⑧静岡サレジオ中学校
⑨静岡英和女学院中学校
⑩静岡雙葉中学校
⑪静岡聖光学院中学校
⑫静岡学園中学校
⑬静岡大成中学校
⑭城南静岡中学校
⑮静岡北中学校
⑯ 常葉大学附属常葉中学校
常葉大学附属橘中学校
常葉大学附属菊川中学校
⑰藤枝明誠中学校
⑱浜松開誠館中学校
⑲静岡県西遠女子学園中学校
⑳浜松日体中学校
㉑浜松学芸中学校

愛知県

①[国立]愛知教育大学附属名古屋中学校
②愛知淑徳中学校
③ 名古屋経済大学市邨中学校
名古屋経済大学高蔵中学校
④金城学院中学校
⑤椙山女学園中学校
⑥東海中学校
⑦南山中学校男子部
⑧南山中学校女子部
⑨聖霊中学校
⑩滝中学校
⑪名古屋中学校
⑫大成中学校
⑬愛知中学校
⑭星城中学校
⑮名古屋葵大学中学校
(名古屋女子大学中学校)
⑯愛知工業大学名電中学校
⑰海陽中等教育学校(特別給費生)
⑱海陽中等教育学校(I·II)
⑲中部大学春日丘中学校
新刊⑳名古屋国際中学校

三重県

①[国立]三重大学教育学部附属中学校
②暁中学校
③海星中学校
④四日市メリノール学院中学校
⑤高田中学校
⑥セントヨゼフ女子学園中学校
⑦三重中学校
⑧皇學館中学校
⑨鈴鹿中等教育学校
⑩津田学園中学校

滋賀県

①[国立]滋賀大学教育学部附属中学校
②[県立] 河瀬中学校
守山中学校
水口東中学校

京都府

①[国立]京都教育大学附属桃山中学校
②[府立]洛北高等学校附属中学校
③[府立]園部高等学校附属中学校
④[府立]福知山高等学校附属中学校
⑤[府立]南陽高等学校附属中学校
⑥[市立]西京高等学校附属中学校
⑦同志社中学校
⑧洛星中学校
⑨洛南高等学校附属中学校
⑩立命館中学校
⑪同志社国際中学校
⑫同志社女子中学校(前期日程)
⑬同志社女子中学校(後期日程)

大阪府

①[国立]大阪教育大学附属天王寺中学校
②[国立]大阪教育大学附属平野中学校
③[国立]大阪教育大学附属池田中学校

④[府立]富田林中学校
⑤[府立]咲くやこの花中学校
⑥[府立]水都国際中学校
⑦清風中学校
⑧高槻中学校（A日程）
⑨高槻中学校（B日程）
⑩明星中学校
⑪大阪女学院中学校
⑫大谷中学校
⑬四天王寺中学校
⑭帝塚山学院中学校
⑮大阪国際中学校
⑯大阪桐蔭中学校
⑰開明中学校
⑱関西大学第一中学校
⑲近畿大学附属中学校
⑳金蘭千里中学校
㉑金光八尾中学校
㉒清風南海中学校
㉓帝塚山学院泉ヶ丘中学校
㉔同志社香里中学校
㉕初芝立命館中学校
㉖関西大学中等部
㉗大阪星光学院中学校

兵庫県

①[国立]神戸大学附属中等教育学校
②[県立]兵庫県立大学附属中学校
③雲雀丘学園中学校
④関西学院中学部
⑤神戸女学院中学部
⑥甲陽学院中学校
⑦甲南中学校
⑧甲南女子中学校
⑨灘中学校
⑩親和中学校
⑪神戸海星女子学院中学校
⑫滝川中学校
⑬啓明学院中学校
⑭三田学園中学校
⑮淳心学院中学校
⑯仁川学院中学校
⑰六甲学院中学校
⑱須磨学園中学校（第1回入試）
⑲須磨学園中学校（第2回入試）
⑳須磨学園中学校（第3回入試）
㉑白陵中学校
㉒夙川中学校

奈良県

①[国立]奈良女子大学附属中等教育学校
②[国立]奈良教育大学附属中学校
③[県立]
　国際中学校
　青翔中学校
④[市立]一条高等学校附属中学校
⑤帝塚山中学校
⑥東大寺学園中学校
⑦奈良学園中学校
⑧西大和学園中学校

和歌山県

①[県立]
　古佐田丘中学校
　向陽中学校
　桐蔭中学校
　日高高等学校附属中学校
　田辺中学校
②智辯学園和歌山中学校
③近畿大学附属和歌山中学校
④開智中学校

岡山県

①[県立]岡山操山中学校
②[県立]倉敷天城中学校
③[県立]岡山大安寺中等教育学校
④[県立]津山中学校
⑤岡山中学校
⑥清心中学校
⑦岡山白陵中学校
⑧金光学園中学校
⑨就実中学校
⑩岡山理科大学附属中学校
⑪山陽学園中学校

広島県

①[国立]広島大学附属中学校
②[国立]広島大学附属福山中学校
③[県立]広島中学校
④[県立]三次中学校
⑤[県立]広島叡智学園中学校
⑥[市立]広島中等教育学校
⑦[市立]福山中学校
⑧広島学院中学校
⑨広島女学院中学校
⑩修道中学校
⑪崇徳中学校
⑫比治山女子中学校
⑬福山暁の星女子中学校
⑭安田女子中学校
⑮広島なぎさ中学校
⑯広島城北中学校
⑰近畿大学附属広島中学校福山校
⑱盈進中学校
⑲如水館中学校
⑳ノートルダム清心中学校
㉑銀河学院中学校
㉒近畿大学附属広島中学校東広島校
㉓AICJ中学校
㉔広島国際学院中学校
㉕広島修道大学ひろしま協創中学校

山口県

①[県立]
　下関中等教育学校
　高森みどり中学校
②野田学園中学校

徳島県

①[県立]
　富岡東中学校
　川島中学校
　城ノ内中等教育学校
②徳島文理中学校

香川県

①大手前丸亀中学校
②香川誠陵中学校

愛媛県

①[県立]
　今治東中等教育学校
　松山西中等教育学校
②愛光中学校
③済美平成中等教育学校
④新田青雲中等教育学校

高知県

①[県立]
　安芸中学校
　高知国際中学校
　中村中学校

福岡県

①[国立]福岡教育大学附属中学校（福岡·小倉·久留米）
②[県立]育徳館中学校／門司学園中学校／宗像中学校／嘉穂高等学校附属中学校／輝翔館中等教育学校
③西南学院中学校
④上智福岡中学校
⑤福岡女学院中学校
⑥福岡雙葉中学校
⑦照曜館中学校
⑧筑紫女学園中学校
⑨敬愛中学校
⑩久留米大学附設中学校
⑪飯塚日新館中学校
⑫明治学園中学校
⑬小倉日新館中学校
⑭久留米信愛中学校
⑮中村学園女子中学校
⑯福岡大学附属大濠中学校
⑰筑陽学園中学校
⑱九州国際大学付属中学校
⑲博多女子中学校
⑳東福岡自彊館中学校
㉑八女学院中学校

佐賀県

①[県立]香楠中学校／致遠館中学校／唐津東中学校／武雄青陵中学校
②弘学館中学校
③東明館中学校
④佐賀清和中学校
⑤成穎中学校
⑥早稲田佐賀中学校

長崎県

①[県立]長崎東中学校／佐世保北中学校／諫早高等学校附属中学校
②青雲中学校
③長崎南山中学校
④長崎日本大学中学校
⑤海星中学校

熊本県

①[県立]玉名高等学校附属中学校／宇土中学校／八代中学校
②真和中学校
③九州学院中学校
④ルーテル学院中学校
⑤熊本信愛女学院中学校
⑥熊本マリスト学園中学校
⑦熊本学園大学付属中学校

大分県

①[県立]大分豊府中学校
②岩田中学校

宮崎県

①[県立]五ヶ瀬中等教育学校
②[県立]宮崎西高等学校附属中学校／都城泉ヶ丘高等学校附属中学校
③宮崎日本大学中学校
④日向学院中学校
⑤宮崎第一中学校

鹿児島県

①[県立]楠隼中学校
②[市立]鹿児島玉龍中学校
③鹿児島修学館中学校
④ラ・サール中学校
⑤志學館中等部

沖縄県

①[県立]与勝緑が丘中学校／開邦中学校／球陽中学校／名護高等学校附属桜中学校

もっと過去問シリーズ

北海道

北嶺中学校
7年分(算数・理科・社会)

静岡県

静岡大学教育学部附属中学校
(静岡·島田·浜松)
10年分(算数)

愛知県

愛知淑徳中学校
7年分(算数・理科・社会)
東海中学校
7年分(算数・理科・社会)
南山中学校男子部
7年分(算数・理科・社会)
南山中学校女子部
7年分(算数・理科・社会)
滝中学校
7年分(算数・理科・社会)
名古屋中学校
7年分(算数・理科・社会)

岡山県

岡山白陵中学校
7年分(算数・理科)

広島県

広島大学附属中学校
7年分(算数・理科・社会)
広島大学附属福山中学校
7年分(算数・理科・社会)
広島学院中学校
7年分(算数・理科・社会)
広島女学院中学校
7年分(算数・理科・社会)
修道中学校
7年分(算数・理科・社会)
ノートルダム清心中学校
7年分(算数・理科・社会)

愛媛県

愛光中学校
7年分(算数・理科・社会)

福岡県

福岡教育大学附属中学校
(福岡·小倉·久留米)
7年分(算数・理科・社会)
西南学院中学校
7年分(算数・理科・社会)
久留米大学附設中学校
7年分(算数・理科・社会)
福岡大学附属大濠中学校
7年分(算数・理科・社会)

佐賀県

早稲田佐賀中学校
7年分(算数・理科・社会)

長崎県

青雲中学校
7年分(算数・理科・社会)

鹿児島県

ラ·サール中学校
7年分(算数・理科・社会)

※もっと過去問シリーズは
国語の収録はありません。

教英出版
〒422-8054
静岡県静岡市駿河区南安倍3丁目12−28
TEL 054-288-2131
FAX 054-288-2133
詳しくは教英出版で検索
教英出版　検索
URL https://kyoei-syuppan.net/

令和６年度

津田学園中学校·高等学校(六年制)入学試験問題

一般入試

国　　語

（１００点　４５分）

注意事項

１．開始の合図があるまでは，この問題冊子を開いてはいけません。
２．答えはすべて解答用紙に記入してください。
３．**解答用紙**には**必ず受験番号**を書いてください。
４．終わりの合図ですぐに筆記用具をおき，係の先生の指示にしたがってください。
５．問題の内容についての質問には応じません。印刷のはっきりしないところがある場合には，静かに手をあげ，係の先生に聞いてください。

（その五）

第2問　次の問1～問8の各問いに答えなさい。

問1　――線部(a)「ジュンチョウ」(b)「仰」(c)「シグサ」(d)「ノ」(e)「ヒタイ」のカタカナは漢字に、漢字はひらがなになおしなさい。

問2　本文中の〈　1　〉～〈　5　〉に入る語として最もふさわしいものを**ア**～**オ**の中から、それぞれ一つずつ選び、記号で答えなさい。ただし、同じものはくり返し使わないものとします。

ア　へたり込む　**イ**　消え入る　**ウ**　訴えかける　**エ**　水たまりの　**オ**　子供の

問3　本文中の〈　X　〉・〈　Y　〉に、「未」「無」「不」「非」のいずれか適当なものを入れなさい。

問4　本文中の【　　　】には次の**ア**～**カ**の語句を並べ替えた一文が入ります（句読点は入れないものとします）。これについて、あとの問いに答えなさい。

【ア君の　イだけで　ウ俺は　エ幸せだった　オ笑顔を　カ見ている】

(1)　これを意味が通るように並べ替えたとき、**ア**「君の」がかかる語句を**イ**～**カ**の中から一つ選び、記号で答えなさい。

(2)　この文の主語に当たる語句を**ア**～**カ**の中から一つ選び、記号で答えなさい。

問5　――線部①「もう嘘はいいんだ、剛太郎……」とあるが、秀一が剛太郎の嘘に気付いた二つの理由を、「～から。」に続くように本

問8　【表】は身近な友人や知人とのコミュニケーション手段に関するアンケート調査をまとめたものである。この【表】についてまとめたあとの文章の空欄（　Ａ　）～（　Ｄ　）に当てはまる語句として最もふさわしいものを次の【　語群　】から一つ選び、それぞれ記号で答えなさい。また、（　あ　）～（　え　）には適切な数字を書きなさい。

【　語群　】

ア　電子メール　　**イ**　LINE等のメッセージングアプリでのテキストのやりとり

ウ　FacebookやTwitter等のSNSでのテキストのやりとり　　**エ**　電話（LINEやSkype等の無料通話アプリの利用を含む）

オ　手紙　　**カ**　対面での会話　　**キ**　その他　　**ク**　日常的なおしゃべりをする　　**ケ**　感謝の気持ちを伝える

コ　抗議する　　**サ**　頼みごとをする　　**シ**　重大な事柄を報告する　　**ス**　悩みを打ち明ける　　**セ**　謝罪する

【表】身近な友人や知人とのコミュニケーション手段(目的別)

(単位：%)

	電子メール	LINE等のメッセージングアプリでのテキストのやりとり	FacebookやTwitter等のSNSでのテキストのやりとり	電話(LINEやSkype等の無料通話アプリの利用を含む)	手紙	対面での会話	その他
日常的なおしゃべりをする	16.2	13.9	2.9	9.3	0.3	57.1	0.4
感謝の気持ちを伝える	15.9	8.0	2.3	9.1	5.3	59.2	0.3
抗議する	16.6	5.7	2.3	10.9	2.7	59.4	2.5
頼みごとをする	16.2	9.1	1.7	11.2	1.0	60.4	0.5
重大な事柄を報告する	13.6	5.4	1.7	10.7	2.4	65.9	0.5
悩みを打ち明ける	10.6	7.4	2.1	8.6	1.0	68.4	2.1
謝罪する	11.9	5.9	1.9	8.1	2.7	68.7	0.9

(出典)総務省「社会課題解決のための新たなICTサービス・技術への人々の意識に関する調査研究」(平成27年)

電子メールやメッセージングアプリ等のICTサービスが普及しても、やはり（　Ａ　）が身近な友人・知人との最も一般的なコミュニケーション手段であることがわかる。

これに対し、電話（LINEやSkype等の無料通話アプリの利用を含む）を最も頻繁に利用する人は（　あ　）割前後、「電子メール」、「メッセージングアプリ」、「SNS」を合計した電子的なテキストのやりとりを最も頻繁に利用する人は（　い　）～（　う　）割台である。

場面別にみると、「対面での会話」の比率が少ないのは（　Ｂ　）であり、反対に「対面での会話」の比率がもっとも高いのは（　Ｃ　）である。深刻な場面では、対面でのコミュニケーションを選択する人の割合が高いことがわかる。

「手紙」を最も頻繁な手段として回答した人は大半の場面で（　え　）％未満となっているが、（　Ｄ　）場合には例外的にやや高くなっている。

俺の代わりに遥を娘として育ててきたからだ……違うか？」

「秀一……」

「ということは……」

「違う……」

「正直に答えてくれ」

「……」

「俺は……」

「ま、待て」

「……死ぬのか？」

ボタボタ、ボタボタボタ……。

返事の代わりに、これまで以上に剛太郎の目から涙があふれ出した。

「……そっか」

秀一がつぶやくと、剛太郎は〈　3　〉ように大きな(c)シグサでブンブンと首を横に振ったが、もうごまかしようがなかった。剛太郎の意思とは関係なく、涙が流れていく。

剛太郎の肩は大きく揺れ、嗚咽をこらえるのがやっとだった。しかし、せめて涙が秀一から見えないように、ぐっと唇

（その三）

る剛太郎がおかしかったのだろう、秀一は

「そっか……」

と、笑いながら力なくつぶやいた。

「だが、それも……今日で終わりにしようと思う」

剛太郎の声はだんだんと消え入るように小さくなった。

（中略）

秀一はカメラを持ったままゆっくりと立ち上がると、うつむく剛太郎の隣まで移動し、カメラに二人の姿が映るように構え、剛太郎の肩に腕を回した。

「お前、結婚式に出ないつもりだろ？」

秀一が、剛太郎の肩をゆすって尋ねる。

すべて、秀一には見透かされていた。

「……そうだ」

剛太郎はうつむいたまま答える。

「遥の父親は、秀一、お前だ……。なのに、なのに、俺は本当の父親であるお前のことを、遥に話すことができなかった。俺は、(オ)お前に助けてもらっておきながら……考えちゃいけないことなのに……遥が、俺の、本当の……娘だったら、

だけでがんばろうって思えた。君が生まれてきてくれたことを、俺以上に喜んでるヤツはいないと思う。世界中の誰よりも、君を大切に思ってる。君のためならなんでもできる……」

計画は、(a)ジュンチョウに進んでいた。あとはカメラを回収して現実に戻るだけ。

それだけのはずだった。

「(ア)君の幸せを、ずっと……」

そう言った秀一の声に突然、嗚咽《おえつ》が混じりはじめた。

「……ずっと、願っている」

ボト、ボトボト。

「秀一？」

「もういい……」

「え？」

「①もう嘘はいいんだ、剛太郎……」

「嘘？　何が？」

秀一は天井を(b)仰ぎ、大きく息を吐いた。秀一の目のまわりは、さっきと比べものにならないほど真っ赤になっている。

ボタボタボタボタ……。

剛太郎はまさかと思ったが、秀一の言う通り、剛太郎の目からは大粒の涙があふれ出ていた。剛太郎はその涙をあわてて拭《ぬぐ》うが、後から後から涙は剛太郎の目からテーブルにこぼれ落ち、ボタボタと大きな音を響かせた。

「あ、あれ？　い、いつから？」

「気付いてなかったのか？　最初からだ……」

「最初？」

「ああ。俺がトイレから戻ったときから、お前はずっと泣いていたんだよ……」

剛太郎は、ようやく目の前のテーブルが、自分の涙で〈　2　〉ようになっていることに気付いた。

「こ、これは……」

「それに……」

「？」

「お前、遥のことを呼び捨てにしていただろ？」

「！」

「お前は〈　X　〉意識だったんだろうが、それは、お前が

第1問　次の文章を読み、あとの問いに答えなさい。

[1]電話の洪水とともに、注1書簡という形の通信の必要性も大幅に減少した。ことに、（　X　）な手紙を書く機会はめっきり減った。書かないでいると、いつか手紙の作法を忘れてしまう。きちんとした手紙がなかなか書けないので、手紙を書くこと自体がついおっくうになる。めんどうがって書かないでいるうちに、ますます書けなくなる。そんな悪循環に陥っているようだ。そのうち、手紙の作法などはじめから覚えようとしなくなるかもしれない。（　ア　）

[2]作法のやっかいな手紙はどうしても(a)ケイエンされやすい。書くとしても、作法をやかましく言わない手軽なはがきで間に合わせようとするのはごく自然だろう。その短いはがきを書くのさえめんどうになってきたのか、このごろは絵はがきがやたらにふえたような気がする。むろん、美術館を訪れて記念に買った絵はがきにその感想を書き送るような場合は別だ。珍しい旅行先からのたよりだとか、ふるさとの旧友から届くひさしぶりの近況報告だとか、それぞれの土地の

（その一）

せて読むことができる。もらった側には読まない自由もあるので、押しつけがましい感じも少ない。また、面と向かっては言いにくいことを伝える際にも、手紙は便利だ。注4辛辣《しんらつ》な批評も、きびしい忠告も、逆に熱烈な賛辞も、あるいは口頭ではきざになりやすい慰めや励ましも、手紙でならすなおに伝わる。思えば、手紙というものは、人と人との、いかにも人間らしい、(d)フシギないとなみなのである。相手と真っ向から対立する意見や主張を伝える場合も、電話と違って途中で反論される心配がなく、自分のペースで思いどおりに考えを述べ、最後まで整然と話しを運ぶことができる。

（　エ　）

[5]あいさつや案内といった実用的な手紙とは別に、なぜか長い手紙をしたためたくなる人恋しい注5宵もある。そういうときに、すっきりとして、しかも温かい気持ちの伝わる手紙が書けたら最高だ。文は人なりというときの「文」は文章を意味するが、なかでも手紙にはあからさまに書き手の人柄があらわれる。「文」を「ふみ」と読んでもそのまま通る。人間

（　イ　）

③だが、最近の傾向はそういう絵はがきとは(b)ジジョウがちょっと違うようだ。その絵はがきを投函《とうかん》した土地にも、そこに書いてある文面とも、まったく結びつかない①無関係な図柄が印刷してある場合が多いのだ。それでも、絵や写真がその季節に合っていればまだいい。いくら注2氷河期とはいえ、就職祝いのことばが雪景色の絵はがきで届いては興ざめだ。運が悪いと、注3花だよりの裏面が紅葉していたりする。これでは、文面を半減するために絵はがきにしたことがばれてしまう。その季節にぴったりの図柄であっても、少しは文章を書かないと絵はがきにならない。十行程度の普通のはがきでも、そこに要領よくまとめるのは楽ではない。絵はがきのあの狭いスペースにきれいにおさまる分量で気のきいた文句を並べるのは、よけいたいへんなのだ。（　ウ　）

④②電話にはない手紙のよさもある。まず、忙しい人の(c)貴重な時間を奪い、一家団らんの楽しいひとときに割って入る無礼な電話とは違って、手紙の場合は受取人の都合に合わせる。だから、感じのいい手紙が書きたいのだ。自分の(e)イトが正しく伝わり、相手に好意を与えることができれば、手紙の基本はそれに尽きる。（　オ　）

（中村　明『日本語のコツ』より一部改めた。）

注1　書簡・・・手紙
注2　氷河期・・・若者の就職が難しかった時期をたとえたことば。
注3　花だより・・・花の咲いた種子を知らせるたより。多くは、サクラの花についていう。
注4　辛辣・・・きわめて手きびしいこと。
注5　宵・・・日が暮れてからまだ間もない時。

第2問　次の文章を読み、あとの問いに答えなさい。

千葉剛太郎は二十二年前、無一文の路上生活をしていた所を大学時代の同級生、神谷秀一と出会い、秀一が夫婦で営む定食屋で働くことになった。それから一年後、秀一とその妻洋子は交通事故で他界してしまう。剛太郎は夫婦が残した一人娘の遥を育てることにしたが、実の親のことを明かせずにいた。遥が結婚することが決まり、剛太郎は本当のことを明かすため、「過去に戻れる」という喫茶店で生前の秀一と再会し、秀一たちの死のことを隠して結婚祝いのメッセージビデオの撮影を依頼することにした。以下はそれに続く場面です。

「遥へ。結婚おめでとう」

剛太郎は、カメラを取り上げた秀一のねらいがわからなかったが、遥へのメッセージをちゃんと撮ろうとしているのを見て、ホッとした。

「……君が生まれたのは、桜が満開に咲いている日でね……。真っ赤な体を小さく丸めた君を、初めてだっこした感覚を今でも覚えているよ」

秀一が動画撮影に協力的なのは幸運だった。剛太郎は、秀一のメッセージを撮り終えたら、すぐさま現実に戻れるよう

（その二）

「秀一？」

秀一は、(イ)自分の手の甲に嚙《か》みついた。痛みで感情を押し殺そうとしているのだ。

「秀一っ！」

「俺は……」

ボタ、ボタ。

「遥の結婚式には……」

ボタボタボタ。

「……出られないんだろ？」

秀一は歯をガチガチと鳴らしながら、一言、一言、絞り出すように言葉をつないだ。

「な、何言ってんだ？　これはお前が考えた……」

必死に紡ぎだした剛太郎の言葉を、秀一はさえぎり、

「そ、そんな嘘、信じられる、わけ、ないだろ？」

と、反論した。

「嘘じゃない！」

その言葉を聞いた秀一は、真っ赤な目で剛太郎を見つめて、

「……だったら、なぜ、(ウ)お前はずっと泣いてるんだ？」

を下ろした。

「……いつ?」

秀一は、いつ自分は死ぬのかと聞いている。

剛太郎はコーヒーを(d)ノみほして未来に帰りたかったが、ギュッと握ったこぶしが膝《ひざ》の上で固まってしまっていて、ピクリとも動かない。

「……嘘は、つかないで、くれ……た、頼む……」

秀一は〈 5 〉ような目で剛太郎を見た。

剛太郎は秀一から目を逸らすと、祈るように両手を重ね、(e)ヒタイに当てながら大きく息を吐いた。

「1年後……」

「……1年、後?」

「交通事故だった……」

「そ、そうか……」

「洋子さんも……」

「そ、そうか……、洋子も……」

「だから、(エ)俺が、育てた……遥……ちゃんを……」

今になって遥のことを〈 Y 〉自然に「ちゃん」付けす

「考えてしまった……」

剛太郎は、両手で顔をおおい、おうおうと泣き出した。

剛太郎はずっと苦しんできた。「遥が自分の本当の娘だったら」と考えることは、秀一の存在を否定していることになる。秀一への恩を感じれば感じるほど、剛太郎は、②そんなことを考えてしまった自分を嫌悪《けんお》した。

「そっか、なるほどな……、お前は、お前なりにずっと苦しんできたんだな……」

秀一は大きく洟《はな》をすすり上げ、

「わかった……今日で、もう、終わりにしよう」

と、剛太郎の耳元でささやいた。剛太郎は、

「すまん、すまん……」

とくり返し、顔をおおった両手の隙間から、涙がボタボタと音を立ててテーブルに落ちた。

(川口俊和『この嘘がばれないうちに』より一部改めた。)

第1問　次の問1～問8の各問いに答えなさい。　**（その四）**

問1　――線部（a）「ケイエン」、（b）「ジジョウ」、（c）「貴重」、（d）「フシギ」、（e）「イト」のカタカナは漢字に、漢字はひらがなになおしなさい。

問2　本文中の（　X　）に入る「個人的・私的」を意味するカタカナ6文字の言葉を答えなさい。

問3　――線部①「無関係な図柄が印刷してある場合が多いのだ」とありますが、筆者はその理由をどのように考えていますか。その理由を、この傍線部より後の本文中から解答欄の「ため」に続くように八字以内で抜き出しなさい。

問4　本文中の（　**ア**　）～（　**オ**　）のいずれかの位置に次の一文が入ります。どこに入れるのが最もふさわしいですか。記号で答えなさい。

　めんどうな手紙にも、考えてみるとこんなふうに利点がいくつもある。

問5　本文を大きく二つの段落に分ける場合、後半はどこからですか。形式段落の初めにある段落番号で答えなさい。

問6　――線部②「電話にはない手紙のよさもある。」について、

（1）　それはどのようなよさですか。六〇字以内でまとめなさい。

（2）　作者が述べる「手紙のよさ」についてあなたはどのように考えますか。解答欄に従って賛成・反対の立場を明らかにし、その理由を明示して、八〇字以内で答えなさい。

問7　本文の説明として最もふさわしいものを次の**ア～エ**から一つ選び、記号で答えなさい。

ア　作法のやっかいな手紙を書くかわりに、このごろははがきの利用がやたらにふえている。

「秀一」ならばB、「遥」ならばCと答えなさい。

問7 ――線部②「そんなことを考えてしまった」とあるが、どういうことか。「剛太郎」、「秀一」、「遥」という言葉を使って四十五字以内で答えなさい。

問8 この文章についての説明として最もふさわしいものを次の**ア～エ**の中から一つ選び、記号で答えなさい。

ア 剛太郎は遥の育ての親として責任を感じており、遥の結婚式に出席するかどうかを悩んでいる。

イ 秀一は剛太郎の言葉を疑うことなく、遥への結婚祝いのメッセージの撮影に協力している。

ウ 剛太郎は自分のせいで秀一や洋子が亡くなったと考えており、悲しみに耐えられず涙を流している。

エ 秀一は剛太郎の様子から隠していることがあるのに気付き、剛太郎の遥に対する気持ちに理解を示している。

〈国語　終わり〉

令和６年度

津田学園中学校･高等学校(六年制)入学試験問題

一般入試

算　　　数

（１００点　４５分）

注意事項

１．開始の合図があるまでは，この問題冊子を開いてはいけません。
２．答えはすべて解答用紙に記入してください。
３．**解答用紙**には**必ず受験番号**を書いてください。
４．終わりの合図ですぐに筆記用具をおき，係の先生の指示にしたがってください。
５．問題の内容についての質問には応じません。印刷のはっきりしないところがある場合には，静かに手をあげ，係の先生に聞いてください。
６．問題文中の L はリットルを表します。

第１問　次の $\square$ にあてはまる数を答えなさい。

(1)　$81-38\times 9\div 6=\square$

(2)　$\dfrac{5}{6}\div\left(\dfrac{3}{4}-\dfrac{1}{3}\right)=\square$

(3)　$7.23\times 0.8+2.77\div 1.25=\square$

(4)　$\dfrac{2}{3}+\dfrac{2}{15}+\dfrac{2}{35}+\dfrac{2}{63}+\dfrac{2}{99}=\square$

第2問　長方形ABCDを図のように2回折り曲げました。角 x, y の大きさを求めなさい。

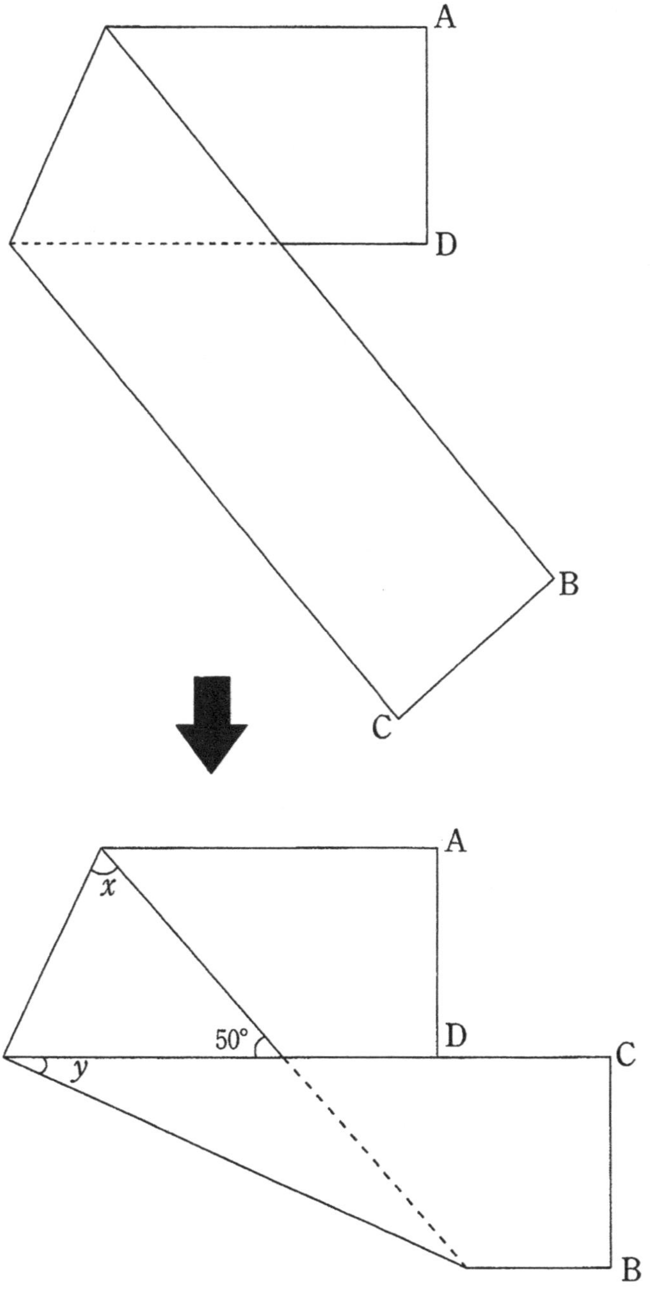

第3問　次の図のように，底面が合同で高さの等しい2つの円柱の容器A，Bに，それぞれ1Lの水が入っています。そして［　　］の中の操作①から操作⑥の順番で，この2つの容器の水を移します。このとき，あとの問いに答えなさい。

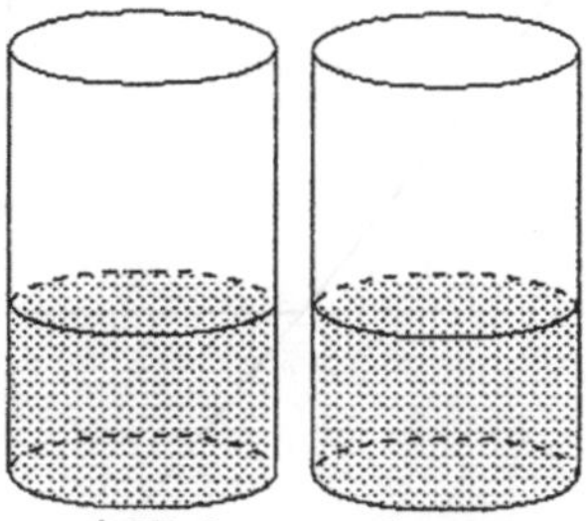

操作①　容器Aに入っている水の量の$\frac{1}{2}$を，容器Bに移す。

操作①の結果

点線は水を移す前の水面の位置を表す。

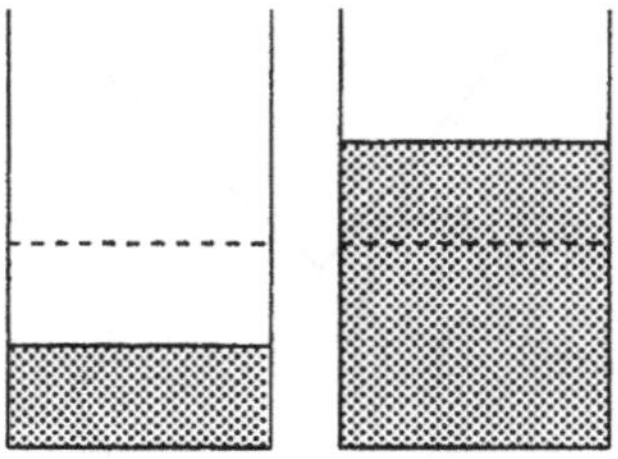

(正面からみた図)

操作②　操作①の後に容器Bに入っている水の量の$\frac{1}{3}$を，容器Aに移す。

操作③　操作②の後に容器Aに入っている水の量の$\frac{1}{4}$を，容器Bに移す。

操作④　操作③の後に容器Bに入っている水の量の$\frac{1}{5}$を，容器Aに移す。

操作⑤　操作④の後に容器Aに入っている水の量の$\frac{1}{6}$を，容器Bに移す。

操作⑥　操作⑤の後に容器Bに入っている水の量の$\frac{1}{7}$を，容器Aに移す。

(1)　操作 ② の後に容器 Aに入っている水の量を求めなさい。

(2)　操作 ③ の後に容器 B に入っている水の量は，操作 ③ の前の容器 B に入っていた水の量の何倍になっているかを求めなさい。

(3)　操作 ⑥ の後に容器 B に入っている水の量を求めなさい。

第４問　これは、ウサギとカメの会話です。次の会話文を読んであとの問いに答えなさい。

ウサギ：カメさんっていつもゆっくりですよね。
カメ　：全然そんなことないですよ。
ウサギ：じゃあ、この場所から池の向こう側までどちらが早くゴールできるか勝負しましょうよ。
カメ　：歩いてちょうど3km ですね。分かりました。

ウサギ：(ぼくは時速45km，カメさんは時速300mで走るから，ぼくは[ア]分でゴールできる。カメさんよりも[イ]時間[ウ]分早くゴールできるな。)

(1)　[ア]，[イ]，[ウ]に入る数字を書きなさい。

※ウサギがゴールをしたときの会話です。
ウサギ：10 分間休憩したけど、余裕の勝利だな。どうやって時間をつぶそうか。
カメ　：ウサギさん遅いですよ。待ちくたびれましたよ。
ウサギ：カメさん、どうして、もうゴールしているんですか？
カメ　：歩いたら時間がかかるので，泳いで来たんですよ。距離も1.5kmだったのでこちらの方が近道ですしね。
ウサギ：それにしても早くないですか？
カメ　：当たり前です。私の泳ぐ速さは歩くスピードの80倍ですからね。
ウサギ：完全に私の負けです。まいりました。

(2)　カメが池を泳いでわたり，ウサギが休憩をせず走った場合，どちらの方が何秒早くゴールすることができるでしょうか。ただし，答えを求めるまでの式や説明も書きなさい。

第５問　次の［図1］の図形は底面の半径が3cm，高さが4cm，母線が5cmの円すいであり，［図2］の図形は［図1］と同じ体積の円柱である。このとき，あとの問いに答えなさい。ただし，円すいの体積は（底面積）×（高さ）÷ 3　で求めるものとする。また，円周率は3.14で計算するものとする。

［図1］

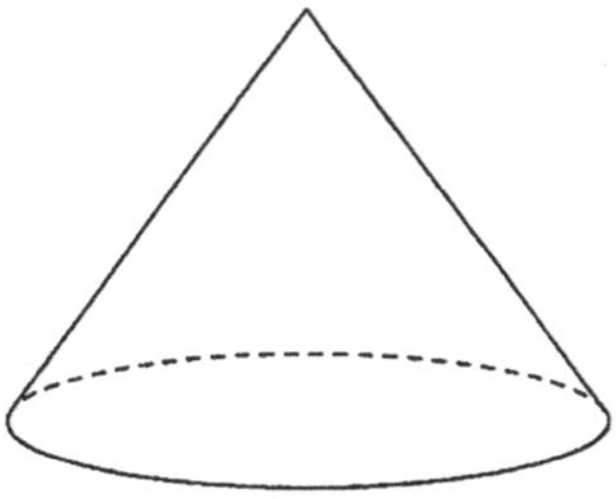

［図2］

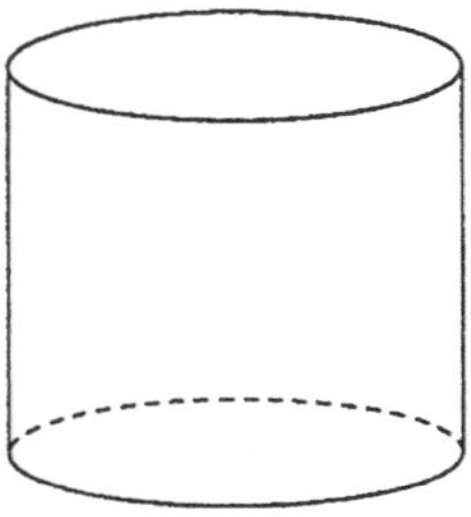

(1)　円すいの体積を求めなさい。

(2)　円柱の高さが3cmのとき，円柱の底面の半径を求めなさい。

(3)　(2)のとき，円柱と円すいの表面積はどちらが何 cm^2 大きいか答えなさい。
ただし，答えを求めるまでの式や説明も書きなさい。

第６問　次の図の平行四辺形ABCDは，AE：EB＝CF：FB＝CG：GD＝3：2 である。ACとDE の交わる点をP，ACとFG の交わる点をQとするとき，あとの問いに答えなさい。

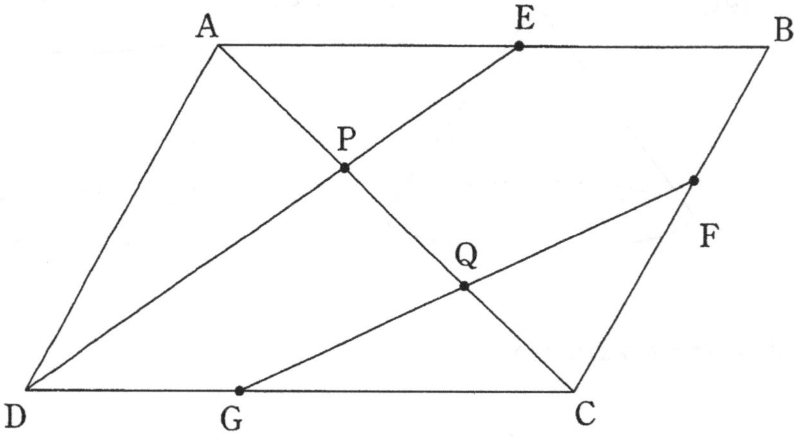

(1)　三角形APEの面積が18 cm^2 のとき，三角形CPDの面積を求めなさい。

(2)　AQ：QC を求めなさい。

(3)　AP：PQ：QC を求めなさい。

<算数　終わり>

令和６年度

津田学園中学校･高等学校(六年制)入学試験問題

一般入試

理　　　科

（１００点　４５分）

注意事項

１．開始の合図があるまでは，この問題冊子を開いてはいけません。

２．答えはすべて解答用紙に記入してください。

３．<u>解答用紙には必ず受験番号を</u>書いてください。

４．終わりの合図ですぐに筆記用具をおき，係の先生の指示にしたがってください。

５．問題の内容についての質問には応じません。印刷のはっきりしないところがある場合には，静かに手をあげ，係の先生に聞いてください。

６．問題文中の Ｌ はリットルを表します。

第１問　津田学園中学校のサイエンスクラブに所属している生徒Ａと生徒Ｂが植物の分類について示している図１について話しあっています。生徒の対話を読んであとの問いに答えなさい。

図１

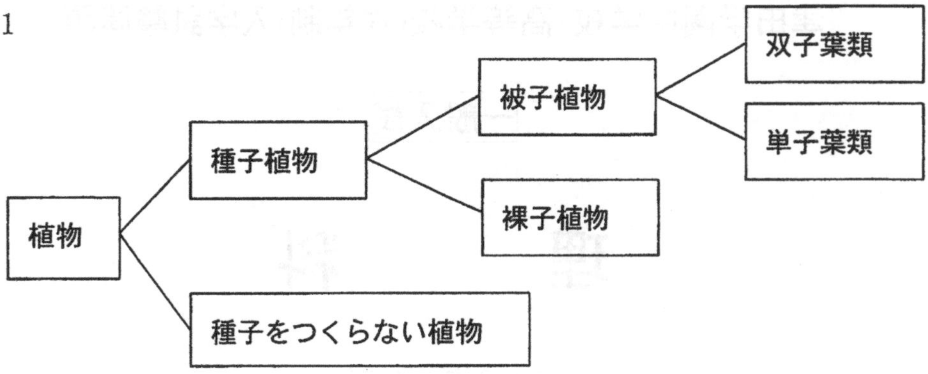

Ａ：この図は植物の系統を示していてそれぞれの植物がどのような経路を辿《たど》って進化してきたかが分かるんだよ。

Ｂ：ということは，被子植物と裸子植物は種子植物から進化してきたということだね。

Ａ：そうなんだ。そして，種子植物と裸子植物は種子植物という共通の祖先から進化してきているので，共通の特徴を持っているということでもあるんだ。

Ｂ：なるほど。それは双子葉類と単子葉類についても同じことが言えるということだね。

Ａ：そういうことだよ。

Ｂ：でも双子葉類と単子葉類では異なる特徴《とくちょう》も持っているよね。これはどういうことなんだろう。

Ａ：私も分からないなあ。調べてみよう。

Ｂ：共通の祖先から進化した生物は共通している特徴を持っている一方で，生息地の環境などの変化に適した独自《どくじ》の特徴を持つようになるっていう記述《きじゅつ》があるよ。これを自然選択というらしいよ。例えばキリンの首が長いのは，他の草食動物が食べることのできない高い所にある植物を食べるためであり，コウモリは暗い所でもえさを見つけることができるように音の反射で位置を知る能力を得たんだって。

Ａ：なるほど。その自然選択によって，生物それぞれが環境に適した能力を獲得《かくとく》することで，生き抜くことができるようになるってことなんだね。ということは，双子葉類と単子葉類もそれぞれ環境に適した能力を獲得した結果，(3)のような違いが生まれたということになるね。それぞれどういう関係のもと，その能力を獲得し，またそれにはどのような利点があるのだろうか。

Ｂ：地球上には双子葉類が先に誕生《たんじょう》し，単子葉類がその後に，双子葉類から派生《はせい》する形で誕生したんだ。そして単子葉類が誕生したときは，今まではいなかった草食動物がいたんだ。

Ａ：ということは，草食動物の存在が双子葉類と単子葉類の違いが生じた要因《よういん》の１つだね。草食動物は植物を食べるので，草食動物が存在するときに誕生した単子葉類は双子葉類とは異なり，草食動物に食べられることに対する対抗手段《たいこうしゅだん》を持っているということなのかな。

Ｂ：双子葉類と単子葉類の植物の画像を見比べると，双子葉類は葉の数が少ない代わりに葉１枚あたりの面積が大きく，地面に対して水平に茎《くき》の先端《せんたん》から生えているね。一方で単子葉類は葉１枚あたりの面積が小さい代わりに葉の数が多く，茎の根本《ねもと》から生えているね。

Ａ：なるほど。植物の根や茎には成長点《せいちょうてん》という植物が成長するために必要な部分があって双子葉類は茎の先端に，単子葉類は茎の根本にあると書いてあるね。

Ｂ：つまり，双子葉類の成長点は高い所に，単子葉類の成長点は低い所にあるっていうことなんだね。成長点の位置と草食動物の存在から単子葉類の利点が分かりそうだね。

Ａ：双子葉類の利点はどうだろうか。

Ｂ：単子葉類は周りに他の植物や背の高い植物は少ないけど，双子葉類は周りに背の高い植物が多く存在すると書いてあるね。

Ａ：植物が成長するためには光が必要だけど，自分より背の高い植物がいると光が当たらないね。それと葉の付き方と併せて考えると双子葉類の利点が分かりそうだね。

(1) 被子植物と裸子植物に共通している特徴を2つ答えなさい。

(2) 被子植物と裸子植物の違いを答えなさい。

(3) 双子葉類と単子葉類の違いについて，子葉の数，葉脈，維管束の並び方，根の4点全てにふれて答えなさい。

(4) 図1の双子葉類はさらに枝分かれし合弁花類《ごうべんかるい》と離弁花類《りべんかるい》に分類することができます。合弁花類と離弁花類の違いを答えなさい。

(5) 双子葉類と比較して単子葉類の利点を答えなさい。

(6) 単子葉類と比較して双子葉類の利点を答えなさい。

第２問　酸素を発生させる実験として二酸化マンガンに過酸化水素水を加える方法が例として挙《あ》げられます。また，二酸化マンガンの代わりにレバーを使用しても同じように酸素が発生します。4本の試験管Ａ～Ｄに過酸化水素水を20cm^3ずつ入れ次のような実験を行いました。

実験１：試験管Ａには二酸化マンガン，Ｂにはレバーを入れてしばらく放置する。
結果１：試験管Ａ，Ｂともに激しくあわが出たが，やがて止まった。

実験２：実験１であわが出なくなった試験管Ａ，Ｂに過酸化水素水を10cm^3ずつ加える。
結果２：試験管Ａ，Ｂとも再びあわが出てくるが，出かたは実験１より少なかった。

実験３：試験管Ｃには二酸化マンガン，Ｄにはレバーを入れ，それぞれ100℃のお湯にひたす。
結果３：Ｃからは激しくあわが出たが，Ｄからはあわが出なかった。

(1)　出てくるあわが酸素であることを確認する方法を答えなさい。
(2)　実験１であわが出なくなった理由を答えなさい。
(3)　実験２で実験１よりあわの出かたが少なかった理由を答えなさい。
(4)　実験３で試験管Ｄからあわが出なかった理由を答えなさい。
(5)　二酸化マンガンには粉状《こなじょう》のものと粒状《つぶじょう》のものがあり，粉状のものの方が粒状のものよりもあわが発生する速度が速くなります。その理由を答えなさい。

第３問　雲は空気中に含まれる水蒸気が上空で冷やされることで生じる水滴や氷の結晶が集まったものです。あとの問いに答えなさい。

(1)　空気が上空で冷やされるためには，地面の温度が変化する必要があります。地面の温度がどのように変化すれば良いでしょうか。答えなさい。

(2)　(1)の変化により空気が上昇するようになります。この空気の流れを何といいますか。答えなさい。

(3)　空気が上昇するようになると水蒸気が水滴になり，雲ができ始めます。このときの温度を何といいますか。答えなさい。

(4)　地上付近の気温は地面からの高さが100m上がるごとに0.6℃ずつ気温が下がります。また以下の表は気温と$1m^3$の空気中に含むことのできる水蒸気の量（飽和《ほうわ》水蒸気量《すいじょうきりょう》）の関係を示したものです。飽和水蒸気量をこえると空気中に含みことができなくなった水分が水滴となります。地上の気温が25℃，飽和水蒸気量が13.6gの空気が雲をつくるのは地上からの高さが何mになったときですか。

気温（℃）	0	4	8	12	16	18	20	22	24
飽和水蒸気量（g）	4.6	6.2	8.3	10.5	13.6	15.4	16.8	21.4	26.5

第４問　純すいな物は気体，液体，固体のいずれかの状態をとり，その３つの状態は温度変化により変化します。例えば，水（液体）を加熱すると，水の温度が上昇していき100℃に達すると沸騰《ふっとう》が始まり，水蒸気（気体）が生じます。このように，物の状態が変化することを状態変化《じょうたいへんか》といいます。一方で，物の性質そのものが変化することを化学変化《かがくへんか》といい，例としてろうそくが燃えて二酸化炭素と水が発生するような変化が挙げられます。

(1)　以下の①～⑦の現象《げんしょう》は次の選択肢《せんたくし》(ア)～(キ)のどれにあてはまりますか。答えなさい。ただし同じ記号を複数回使用しても良い。

①冬の朝，バケツに入れてあった水が凍《こお》る
②植物が光合成をする
③ドライアイスを放置すると，何も残らなくなる
④寒い日の朝，植物に霜《しも》が降りている
⑤生物が呼吸をする
⑥冷たい水をガラスのコップに入れておくと，コップの外側がくもる
⑦カイロを使用すると温かくなる

選択肢	状態変化か化学変化	状態の変化
(ア)	状態変化	固体→液体
(イ)	状態変化	液体→固体
(ウ)	状態変化	液体→気体
(エ)	状態変化	気体→液体
(オ)	状態変化	固体→気体
(カ)	状態変化	気体→固体
(キ)	化学変化	なし

ふつう，固体と液体は目で見ることはできるが，気体は目でみることはできない。水（液体）を沸騰させると液体→気体の変化が起こり水蒸気（気体）が発生する。しかし，実際に水（液体）を沸騰させると「湯気《ゆげ》」という白いものがみえる。

(2)　「湯気」は固体，液体，気体の３つの状態のうち，どれですか。答えなさい。

(3)　(2)で答えた状態に変化する理由を答えなさい。

第5問　次の文章を読んであとの問いに答えなさい。ただし，割り切れない場合は小数第二位を四捨五入して小数第一位まで答えなさい。

音が空気中を伝わる速さは秒速340mである。これは音を鳴らす物が動いたり，音の高さが違ったりして変わらない。しかし，音を鳴らす物や，それを聞く人が動くことで音を鳴らした時間と聞く時間に差ができます。ここで5秒間鳴らした音を人が4秒間で聞いた時，人に届いた音は5秒分の音が4秒間の中につまっていると考えられ，鳴らした音よりも高く聞こえます。逆に5秒間鳴らした音を人が6秒間で聞いた時，人に届いた音は5秒分の音が6秒の中に広がっていると考えられ，鳴らした音より低く聞こえます。この現象をドップラー効果といい，救急車のサイレンが高く聞こえたり，低く聞こえたりする原因となります。

人に向かって救急車が秒速20mで走っている時，人から1000m離れたところから15秒間サイレンを鳴らしました。

(1)　サイレンを鳴らし始めてから何秒後に人にその音が聞こえ始めましたか。答えなさい。
(2)　サイレンを鳴らし終わった時，救急車は人から何m離れたところにいますか。答えなさい。
(3)　人は何秒間サイレンの音を聞くことになりますか。答えなさい。
(4)　人が聞いたサイレンの音は救急車が鳴らした音より高いですか，低いですか，変わらないですか。答えなさい。

次に，音を聞く人が動く場合を考えます。救急車が秒速20mで，人が秒速5mで，互いに向かって走っている時，救急車が人から1000m離れたところから15秒間サイレンを鳴らしました。

(5)　人に音が聞こえ始めた時，人は救急車から何m離れたところにいますか。答えなさい。
(6)　人は何秒間音を聞くことになりますか。答えなさい。
(7)　人が聞いたサイレンの音は救急車が鳴らした音よりも高いですか，低いですか，変わらないですか。答えなさい。

＜理科　終わり＞

令和６年度

津田学園中学校・高等学校(六年制)入学試験問題

一般入試

社　　　会

（１００点　４５分）

注意事項

１．開始の合図があるまでは，この問題冊子を開いてはいけません。
２．答えはすべて解答用紙に記入してください。
３．**解答用紙**には必ず**受験番号**を書いてください。
４．終わりの合図ですぐに筆記用具をおき，係の先生の指示にしたがってください。
５．問題の内容についての質問には応じません。印刷のはっきりしないところがある場合には，静かに手をあげ，係の先生に聞いてください。

第１問　次の図Ａ～Ｊは，ある都道府県を示し，あとの□内のＡ～Ｊの各文は，図Ａ～Ｊに対応しています。図Ａ～Ｅは都道府県の主な部分の形を，図Ｆ～Ｊは都道府県章を示しています。図Ａ～Ｅの方位は同じですが，縮尺は同じではありません。また，● の印は都道府県庁所在地の位置を示しています。これについて，あとの問いに答えなさい。

A

B

C

D

E
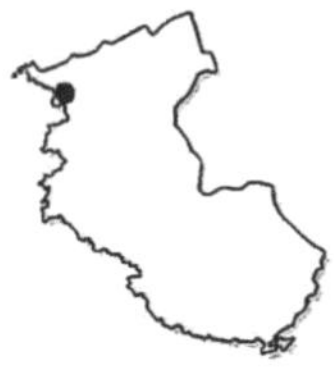

F

G

H

I

J

A　2015 年に（　①　）城が国宝となり，(a)わが国で国宝に指定されている城は合わせて５つとなった。

B　(b)県内を日本三大急流のうちの１つが流れている。県内の盆地部では「佐藤錦」など（　②　）の栽培が盛んで，県全体の生産量は全国１位である。

C　木曽三川の下流には（　③　）とよばれる水害から守るために堤防で囲まれた集落が見られる。

D　太平洋に面しており，県の西側の足摺《あしずり》岬や東側の（　④　）岬は，台風の上陸地点となり大きな被害を受けることがある。

E　江戸時代に(c)徳川御三家の１つ（　⑤　）藩がおかれた。8 代将軍の徳川吉宗はこの藩の出身である。

F　県の西部に位置する(d)（　⑥　）銅山から流れ出た鉱毒が渡良瀬川流域に被害を与えた事件は，日本で最初の公害とされる。

G　明治時代に操業を開始した（　⑦　）製鉄所は，2015 年に明治日本の産業革命遺産として世界文化遺産に登録されたものの１つである。

H　盆地部では水はけが良く果物の栽培が盛んで，中でも（　⑧　）・ももは全国一の生産量を誇っている。

I　日本海側から北に突き出した（　⑨　）平野はりんごの生産が盛んであり，県全体のりんごの生産量は全国１位である。

J　遠浅で干満の差が大きい（　⑩　）海の沿岸ではのりの養殖がさかんであり，またムツゴロウなど他地域ではあまり見られない独自の生物が見られる。

問1　Ａ～Ｊの文中の（ ① ）～（ ⑩ ）にあてはまる語句をそれぞれ答えなさい。

問2　下線部(a)に**あてはまらないもの**を次の**ア～エ**の中から１つ選び，記号で答えなさい。

ア　彦根城　　**イ**　犬山城　　**ウ**　松本城　　**エ**　名古屋城

問3　下線部(b)の様子を俳人の松尾芭蕉は次のように詠《よ》んでいます。（　　　）にあてはまる川の名を答えなさい。

五月雨《さみだれ》を　あつめて早し　（　　　　　）

問4　下線部(c) にあてはまるものを次の**ア～オ**の中から２つ選び，記号で答えなさい。

ア　水戸藩　　**イ**　加賀藩　　**ウ**　会津藩　　**エ**　尾張藩　　**オ**　仙台藩

問5　下線部(d)を多くの人に知ってもらうために天皇に直訴しようとした人物を次の**ア～エ**の中から１つ選び，記号で答えなさい。

ア　渋沢栄一　　**イ**　田中正造　　**ウ**　福沢諭吉　　**エ**　犬養毅

問6　Ａ～Ｊの中で，人口が最も多いものと最も少ないものの組み合わせを次の**ア～カ**の中から１つ選び，記号で答えなさい。

ア　多：Ｂ　少：Ａ　　**イ**　多：Ｂ　少：Ｊ　　**ウ**　多：Ｃ　少：Ａ

エ　多：Ｃ　少：Ｉ　　**オ**　多：Ｇ　少：Ａ　　**カ**　多：Ｇ　少：Ｊ

問7　Ａ～Ｊの中にある工業地帯・工業地域を次の**ア～カ**の中から２つ選び，記号で答えなさい。

ア　中京工業地帯　　**イ**　東海工業地域　　**ウ**　北陸工業地域

エ　京浜工業地帯　　**オ**　阪神工業地帯　　**カ**　関東内陸工業地域

問8　次の各問いについて，それぞれＡ～Ｊの記号で答えなさい。

(1) 農業産出額が最も高い都道府県を１つ選びなさい。

(2) 都道府県庁所在地がある都市の緯度が２番目に高いものを１つ選びなさい。

(3) 海をへだてずに接している都道府県の数が最も多いものを１つ選びなさい。

問９　次の雨温図は，Ａ～Ｊのいずれかの都道府県庁所在地のものです。これについて，あとの各問いに答えなさい。

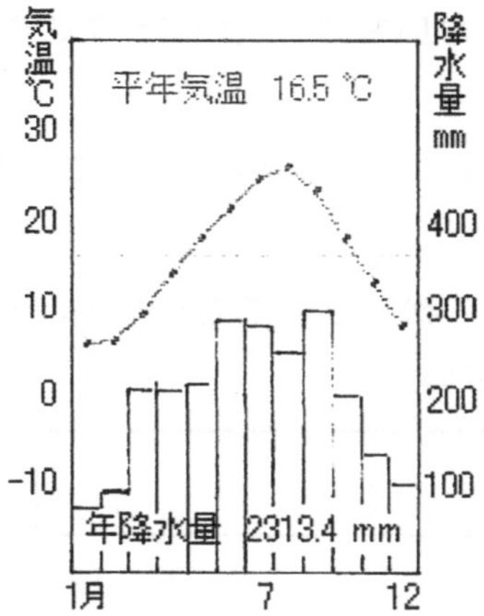

⑴　この雨温図が示す気候区分を次の**ア～カ**の中から１つ選び，記号で答えなさい。

ア　内陸の気候　　**イ**　南西諸島の気候　　**ウ**　太平洋側の気候
エ　瀬戸内の気候　　**オ**　日本海側の気候　　**カ**　北海道の気候

⑵　この雨温図は，どの都市のものですか。都市名を答えなさい。

⑶　この雨温図が示す気候と最もよく似た気候の都市を次の**ア～エ**の中から１つ選び，記号で答えなさい。

ア　福井　　**イ**　長野　　**ウ**　静岡　　**エ**　岡山

問 10　Ａ～Ｊの都道府県から１つ選び，例文のように都道府県名を明記し，「世界遺産・国宝」「特産物」「観光名所」「郷土料理」の中から２つの要素を用いて旅行プランを立てなさい。ただし，Ａ～Ｊの文や問いに出てきたものは使わないこととします。

（例）　岐阜県を訪れ，世界遺産の白川郷を見学し，おみやげとして美濃和紙のちょうちんを買って帰る。

第２問　次の各文はそれぞれＡ～Ｆの歴史上の人物について述べたものです。これを読んで，あとの問いに答えなさい。ただし，それぞれの人物が登場した順には並んでいません。

Ａ　私は郷里の土佐で(a)立志社を設立し，新しい政府に対して(b)国会を開いて国民の意見を政治に生かすことを要求する運動を展開しました。その後，政党をつくってその党首となり，政府の一員として大臣を務めたこともあります。

Ｂ　私は弟に命じて平氏を滅ぼしました。朝廷に対しては，全国に守護と(c)地頭を設置することを認めさせ，武家政治を始めました。将軍と御家人は，御恩と(d)奉公という関係で結ばれていました。

Ｃ　私は学問が得意で天皇からも信頼され，右大臣にまでなりました。(e)外国との関係についてのあることを進言して認められたことがきっかけで，わが国では(f)新しい文化がおこりました。しかし，藤原氏のたくらみにより大宰府に左遷《させん》されてしまいました。その地で没した私は「学問の神」としてまつられています。

Ｄ　私は皇族の一人と協力し，当時天皇をこえるほどの力を持っていた蘇我一族を滅《ほろ》ぼし，(g)新しい政治のしくみをつくり上げました。

Ｅ　私は外務大臣として幕末に結ばれた不平等条約の改正に取り組み，(h)領事裁判権の撤廃に成功しました。

Ｆ　私は浮世絵の画家です。初めは美人画や役者絵を描いていましたが，のちに風景画を描くようになり，(i)『東海道五十三次』や『名所江戸百景』などの作品を残しました。

問１　下線部(a)が設立された場所を下の地図の**ア**～**エ**の中から１つ選び，記号で答えなさい。

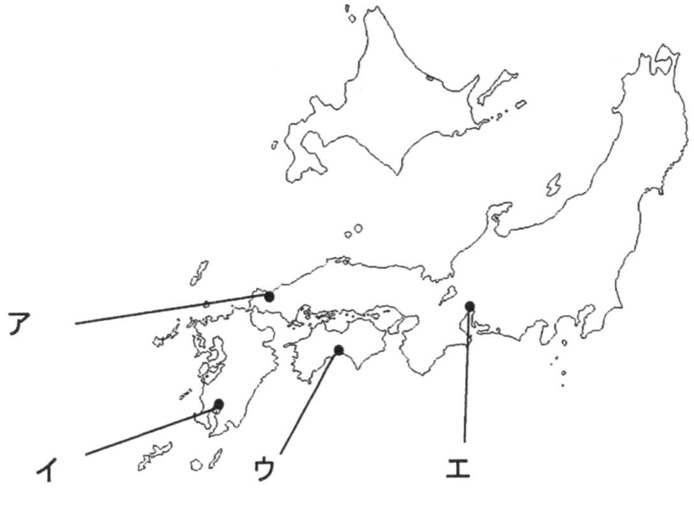

問２　下線部(b)のことを何というか，漢字６字で答えなさい。

問３　下線部(c)の役割を１つ答えなさい。

問４　下線部(d)の例を１つ答えなさい。

問５　下線部(e)はどのようなことか述べなさい。

問６　下線部(f)の時期に登場した文学作品**ではないもの**を次の**ア～エ**の中から１つ選び，記号で答えなさい。

ア　源氏物語　　**イ**　平家物語　　**ウ**　土佐日記　　**エ**　枕草子

問７　下線部(g)について述べた文として正しいものを次の**ア～エ**の中から１つ選び，記号で答えなさい。

ア　天皇の政治を補佐するために摂政や関白を設置した。

イ　天皇の位を退いた上皇が中心となり政治を行った。

ウ　武士をまとめるために武士のための法律をつくった。

エ　全国の土地と人民は国のものであるという政治方針を示した。

問８　Ｄの人物は死の直前に天皇からある姓を授かり，その子孫は朝廷の重要な役職について大きな権力を持つようになりました。ある姓とは何か答えなさい。

問９　下線部(h)を認めるとはどのような状況でしょうか。例を挙げるために「イギリス」という語句を用いて述べなさい。

国語

第1問

問1

a

b

c

d

e

問2

問3

ため。

問4

問5

問6

（1）

（2）

私はこの意見に賛成 反対です。なぜなら、

受験番号

得点

※100点満点
（配点非公表）

第4問

(1)	ア		イ		ウ	
(2)	式や説明 答え　　　が　　　秒早くゴールする					

第5問

(1)	cm^3	(2)	cm
(3)	式や説明 答え　　　が　　　cm^2大きい		

第6問

(1)	cm^2	(2)	：
(3)	：　　：		

<table>
<tr><td rowspan="4">第3問</td><td>(1)</td><td></td></tr>
<tr><td>(2)</td><td></td></tr>
<tr><td>(3)</td><td></td></tr>
<tr><td>(4)</td><td></td></tr>
</table>

<table>
<tr><td rowspan="3">第４問</td><td>(1)</td><td>①</td><td></td><td>②</td><td></td><td>③</td><td></td><td>④</td><td></td><td>⑤</td><td></td><td>⑥</td><td></td><td>⑦</td><td></td></tr>
<tr><td>(2)</td><td colspan="14"></td></tr>
<tr><td>(3)</td><td colspan="14"></td></tr>
</table>

<table>
<tr><td rowspan="4">第5問</td><td>(1)</td><td></td><td>(2)</td><td></td></tr>
<tr><td>(3)</td><td></td><td>(4)</td><td></td></tr>
<tr><td>(5)</td><td></td><td>(6)</td><td></td></tr>
<tr><td>(7)</td><td colspan="3"></td></tr>
</table>

問9					
問 10		問 11		問 12	

第3問

問1	①		②		③	
問2		問3		問4		
問5		問6		問7		
問8						
問9						
問 10		問 11				
問 12		問 13				

第4問

問1					
問2		問3		問4	
問5					
問6	私は「　　　　　　　　」です。 理由:				

社会

受験番号

得　点
※100点満点 （配点非公表）

第１問

問1	①		②		③	
	④		⑤		⑥	
	⑦		⑧		⑨	
	⑩					

問2		問3		問4	
問5		問6		問7	

問8	(1)		(2)		(3)	
問9	(1)		(2)		(3)	

問10	

第２問

問1		問2	

問3	
問4	
問5	

問6		問7		問8	

理科

受験番号

得　点
※100点満点 （配点非公表）

第１問	(1)	
	(2)	
	(3)	
	(4)	
	(5)	
	(6)	

第２問	(1)	
	(2)	
	(3)	
	(4)	
	(5)	

算数

受験番号

得　点
※100点満点 （配点非公表）

第1問

(1)		(2)	
(3)		(4)	

第2問

x	度	y	度

第3問

(1)	L	(2)	倍
(3)	L		

問7

問8
A
B
C
D
あ
い
う
え

第2問

問1
a
b
c
d
e

問2
1
2
3
4
5

問3
X
Y

問4
(1)
(2)

問5

から。

から。

問6
ア
イ
ウ
エ
オ

問7

問8

問 10　下線部(i)と同じころに描かれた美術作品を次の**ア**～**エ**の中から１つ選び，記号で答えなさい。

ア

イ

ウ

エ

問 11　Ｆの人物が活躍したころの文化について説明した文として正しいものを次の**ア**～**エ**の中から１つ選び，記号で答えなさい。

ア　大阪や京都の町人を中心とした華やかな文化が栄えた。

イ　江戸の町人を中心に皮肉や風刺が盛り込まれた文化が栄えた。

ウ　武士の力強さを表現した質実剛健な文化が栄えた。

エ　新興大名や豪商を中心にした豪華で勇壮な文化が栄えた。

問 12　Ａ～Ｆの各人物が登場した順に各文を並べたとき，４番目となるものを記号で答えなさい。

第３問　歴史にくわしいはるきくんとなつみさんが外国との関わりの歴史について会話しています。二人の会話を読んで，あとの問いに答えなさい。

はるき：ぼくは日本と外国との関わりの歴史に興味があっていろいろ調べているんだ。歴史上，日本には外国との関わりをきっかけに新しいものや技術，考え方などが入って来たんだ。(a)弥生時代には米作りが中国大陸からもたらされたね。聖徳太子の時代には(b)遣隋使が送られ，その後の唐の時代には(c)遣唐使が送られるようになり，進んだ政治の制度や文化が日本に伝来したね。

なつみ：政治の面ではどういう制度が伝わったの？

はるき：唐の政治を参考にして 701 年に定められた（　①　）律令をもとに政治のしくみが整えられたんだ。都についても平城京や 794 年に移された（　②　）など，唐の都がモデルとなって建設されたんだよ。

なつみ：平安時代にはどんな関わりがあったのかな？

はるき：平安時代の終わりごろには平清盛が(d)中国との貿易を行うために，(e)大輪田泊という港を築いたんだ。

なつみ：室町時代はどうだったのかな？

はるき：３代将軍の(f)足利義満が明との貿易を始めたね。このとき勘合という合札が使われたんだ。

なつみ：勘合？どうしてそんな札を使ったの？

はるき：（　　　　　　　　　　　　A　　　　　　　　　　　　）。この当時の明は海賊の問題でとても困っていたんだ。戦国時代の後半にはヨーロッパの国々の影響も受けるようになったんだ。種子島に（　③　）が伝来して，これによって(g)戦いの方法やお城の築き方に変化が生まれたんだ。

なつみ：このころには(h)キリスト教も伝わったね。

はるき：そうだね。ただ，江戸時代に入ると，初めはヨーロッパの国々と貿易をしていたけど，幕府は(i)しだいに貿易相手を限定するようになり，鎖国とよばれる状態になったんだ。この状態は(j)幕末にアメリカの黒船がやって来た翌年に(k)アメリカと結んだ条約まで続いたんだ。

なつみ：外国とのかかわりをたどってみると，日本が外国からさまざまな影響を受けながら歴史がつくられていったことがよく分かったよ。

問1　文中の（ ① ）～（ ③ ）にあてはまる語句をそれぞれ答えなさい。

問2　下線部(a)の時代の遺跡を次の**ア**～**エ**の中から１つ選び，記号で答えなさい。

ア　大仙古墳　　**イ**　大森貝塚　　**ウ**　登呂遺跡　　**エ**　三内丸山遺跡

問3　下線部(b)の代表者を次の**ア**～**エ**の中から１つ選び，記号で答えなさい。

ア　蘇我馬子　　**イ**　小野妹子　　**ウ**　中臣鎌足　　**エ**　菅原道真

問4　下線部(c)の一員として中国に渡り仏教を学んだ後，帰国して真言宗を開いた僧を次の**ア**～**エ**の中から１つ選び，記号で答えなさい。

ア　鑑真　　**イ**　最澄　　**ウ**　空也　　**エ**　空海

問5　下線部(d)の当時の国名を次の**ア**～**エ**の中から１つ選び，記号で答えなさい。

ア　元　　**イ**　宋　　**ウ**　清　　**エ**　秦

問6　下線部(e)があった場所は現在のどの都道府県でしょうか。次の**ア**～**エ**の中から１つ選び，記号で答えなさい。

ア　福岡県　　**イ**　岡山県　　**ウ**　兵庫県　　**エ**　大阪府

問7　下線部(f)と最も関係の深い建造物を示す写真を次の**ア**～**エ**の中から１つ選び，記号で答えなさい。

ア

イ

ウ

エ

問8　文中の空欄（　Ａ　）にあてはまるように，勘合を使った理由を述べなさい。

問9　下線部(g)の例を１つ述べなさい。

問10　下線部(h)について述べた文として**適切でないもの**を次の**ア**〜**エ**の中から１つ選び，記号で答えなさい。

ア　宣教師のザビエルによって日本に伝来した。

イ　織田信長は本拠地の安土にキリスト教の教会を建てることを認めた。

ウ　豊臣秀吉は仏教勢力に対抗するため，キリスト教の布教を許可し保護した。

エ　九州のキリシタン大名によって４人の少年がローマ教皇のもとに派遣された。

問11　下線部(i)について，江戸時代を通して日本が貿易を行っていたヨーロッパの国を次の**ア**〜**エ**の中から１つ選び，記号で答えなさい。

ア　オランダ　　**イ**　スペイン　　**ウ**　イギリス　　**エ**　ポルトガル

問12　下線部(j)のときに艦隊を率いてきた司令長官の名を答えなさい。

問13　下線部(k)の条約を次の**ア**〜**エ**の中から１つ選び，記号で答えなさい。

ア　日米修好通商条約　　**イ**　日米安全保障条約

ウ　日米通商航海条約　　**エ**　日米和親条約

第４問　次のＡ～Ｄの文を読んで，あとの問いに答えなさい。

Ａ	2023 年４月，総務省は(a)日本の総人口は、1 億 2494 万 7 千人となり，12 年連続の減少となったと発表した。
Ｂ	2023 年６月，(b)通常国会は 150 日間の会期を終え閉会した。
Ｃ	2023 年９月，(c)関東大震災の発生から 100 年となり，各地で防災訓練が実施された。
Ｄ	2023 年９月，岸田首相は内閣改造を行い，(d)過去最多の 5 人の女性が大臣となった。

問１　下線部(a)が将来的に日本の経済面に与える影響を簡潔に述べなさい。

問２　下線部(b)で行われることとして**ふさわしくないもの**を次の**ア～エ**の中から１つ選び，記号で答えなさい。

ア　法律案の審議　　**イ**　予算の審議

ウ　条約の締結　　**エ**　施政方針演説

問３　下線部(b)に対し，衆議院解散後，衆議院議員総選挙の日から 30 日以内に開かれる国会を何というか。次の**ア～エ**の中から１つ選び，記号で答えなさい。

ア　緊急集会　　**イ**　特別国会　　**ウ**　臨時国会　　**エ**　専門委員会

問４　下線部(c)に関連して地震の揺れの大きさを「震度」で表すのに対し，地震の規模を表す数値のことを何というか。カタカナで答えなさい。

問５　下線部(c)では多くの人が火災で亡くなりました。それはどのような理由からか述べなさい。

問６　下線部(d)に関連して，「女性大臣の数をもっと増やし，大臣の半数は女性にするべきだ」という意見があります。これについてあなたは賛成ですか，それとも反対ですか。解答欄に合うように理由を１つ挙げて述べなさい。

〈社会　終わり〉

令和５年度

津田学園中学校・高等学校（六年制）入学試験問題

一般入試

国　　　語

（１００点　４５分）

注意事項

1．開始の合図があるまでは，この問題冊子を開いてはいけません。
2．答えはすべて解答用紙に記入してください。
3．**解答用紙**には必ず**受験番号**を書いてください。
4．終わりの合図ですぐに筆記用具をおき，係の先生の指示にしたがってください。
5．問題の内容についての質問には応じません。印刷のはっきりしないところがある場合には，だまって手をあげ，係の先生に聞いてください。

2023(R5) 津田学園中
教英出版

問7 本文中の登場人物たちの説明として最もふさわしいものを次の**ア**～**エ**の中から一つ選び、記号で答えなさい。

ア ミサは以前から罪悪感を感じていたが、マユミに頼まれているので仕方なく荷物で席を取っていた。

イ マユミは老人が怒っている理由を理解しようとせず、最後まで自分たちの行いを反省することはなかった。

ウ 老人は日頃からミサたちのことを見ており、二人の身勝手な行動に怒りを覚えていたが、我慢しきれなくなり二人を叱った。

エ 乗客たちはミサとマユミが老人に叱られる場面に居合わせたが、関わりたくないため知らないふりをしている。

問8 この文章についての説明として最もふさわしいものを次の**ア**～**エ**の中から一つ選び、記号で答えなさい。

ア 話がテンポよく展開し、主人公たちと老人との和解に至るまでの様子が簡潔に描かれている。

イ 登場人物ごとの視点から各場面を描いて話を展開させることで、心理面がわかりやすく表現されている。

ウ 擬人法・直喩《ゆ》・隠喩などの比喩表現や倒置法を多く用いることで、場面が精密に描かれている。

エ 各場面における会話や状況説明、自分の心の動きを、主人公自身の視点から描いている。

〈国語　終わり〉

≪ 第1問 ≫ 解答に字数の指示があるものは、すべて句読点などの記号も字数に含みます。 （その二）

問1 ――線部（a）「悪影響」（b）「ワ」（c）「ミト」（d）「ヒテイ」（e）「モケイ」のカタカナは漢字に、漢字はひらがなになおしなさい。

問2 本文中の〈 1 〉～〈 4 〉には、「共感」・「民主」・「一方」のいずれかの言葉が入る。それぞれの空欄に入る言葉として適当な言葉を、「共感」・「民主」・「一方」の中から一つずつ選んで答えなさい。

問3 本文中の〈ア〉～〈オ〉のいずれかの位置に次の一文が入ります。どこに入れるのが最もふさわしいですか。記号で答えなさい。

【普段は親とあまり会話しないような子でも、ゲームの話なら乗ってくるということもよくあります。】

問4 本文を大きく四つの内容に分ける場合、三つ目の内容はどの段落から始まるか段落番号で答えなさい。

問5 7.・8.段落の内容について、

(1) これらの段落に述べられている筆者の考えの要旨を、八十字以内でまとめなさい。

(2) (1)でまとめた筆者の考えについて、あなたはどのように考えますか。解答欄にしたがって賛成・反対の立場を明らかにし、その理由を明示して、六十字程度で答えなさい。〈解答欄の「賛成・反対」のどちらかを○で囲むこと。〉

問6 ――線部「ゲームについて親の考えを一方的に押しつける」とあるが、ゲームについて理解できていない親が子どもにとる行動を本文から二十五字以内で抜き出しなさい。

問7 次の会話は、小学生の保護者A・B・Cの三人でゲームについて話し合っているときのものです。これを読んで、A～Cの中から一つ選び記号で答え、本文の内容を踏まえて反論しなさい。（記号と反論を完答すること。）

A ゲームで身につくことは何もないし、時間の無駄だと思うから我が家ではゲーム禁止にしようと考えています。

お詫び

著作権上の都合により、文章は掲載しておりません。
ご不便をおかけし、誠に申し訳ございません。

教英出版

お詫び

著作権上の都合により、文章は掲載しておりません。
ご不便をおかけし、誠に申し訳ございません。

教英出版

（有川浩『阪急電車』）

注１　詰られた…問いつめて責められること。
注２　喝破…大声でしかりつけること。

第1問　次の文章を読み、あとの問いに答えなさい。

筆者は、親子ではゲームに対する価値観が違うと主張しており、その違いを乗り越えるためには、親として言いたいことがあっても、それは控えて、とにかく共感を最優先することが大事だと述べている。本文はそれに続く部分である。

1. 親に共感してもらえると、子どもは「自分の気持ちをわかってくれた」と感じることができて、親に対する信頼が高まります。そこで初めて、親も自分が思っていることを話します。しかも、上から目線ではなく、人間同士の対等かつ〈　1　〉的な対話になるような話し方で。

2. 例えば、目が悪くなるなど健康への(a)悪影響、勉強時間やほかの活動の時間が減ることへの心配、ゲームの精神面への影響や依存症の心配、注1課金に対する不安などです。最初に親が子どもの話を共感的に聞いていると、子どもも親の話に耳を傾けてくれるようになります。

3. このように、親子で腹を(b)ワって本音を出し合い、お互いを理解し合うことが本当に大事です。同時に、実際に親が子どもに歩み寄ることも大切です。例えば、ゲームを一緒にやる、やり方を教えてもらう、子どものゲームの話を聞いてほめるなどです。

4. ゲームが好きな子は、ゲームの中で目標を持って自分なりの工夫をするなど、けっこう努力してがんばっています。ステージをクリアしたりレベルが上がったりすることで、達成感を感じたりもしています。〈　ア　〉

（その一）

10. また、ゲームによって得られる能力があることも頭に入れておく必要があると思います。もちろん、ゲームの種類によって違ってきますが、目標に向かって注3試行錯《さく》誤しながら努力する力、情報収集力、判断力、記憶力、集中力、計画力などがつくゲームもあります。

11. また、親としてはゲーム中毒・依存症が心配になると思いますが、家族とのコミュニケーションが不足しているなどの孤独な状態だとそのリスクが高まると言われています。それを防ぐには、先ほど言ったようなゲームに関する話題も含めて、日頃からの〈　4　〉的なコミュニケーションを心がけることが大事です。

12. 親は子どものことを心配してゲームについてガミガミ叱るわけですが、これによって子どもは、自分が大好きなことを親に理解してもらえないことと思い込み孤独を感じます。同時に、自分が(d)ヒテイされたとも感じます。〈　ウ　〉

13. それで、かえってゲームにのめり込んでしまうことになります。そうならないためには、まずは親が歩み寄ることが大事で、ゲームを注4媒介《ばいかい》に親子のコミュニケーションを深めるような方向で進めたほうがいいと思います。

14. また、ゲーム以外の楽しみがない場合も、ゲームにのめり込む可能性が高まります。ですから、ゲームのほかにもいろいろな選択肢を用意して、子ども自身が心から楽しめるものが持てるようにしてあげてほしいと思います。〈　エ　〉

のことをわかってもらえた。自分のがんばりを「ミトめてもらえた。自分が大好きなことを受け入れてもらえた」と感じて、親への信頼感が高まります。〈 イ 〉

6. そういう〈 2 〉的な雰囲気の中で、次の段階としてルール作りに進みます。ここでも、お互いの話を共感的に聞き合いながら、対等な立場で民主的に決めていくことが大切です。それは外交交渉《しょう》のようなものであり、主張したいことは主張し、譲《ゆず》れるところは譲り、お互い納得できる着地点を見つけていきます。

7. このように子どもがルールづくりに関わることが大事で、それで初めて子どもも「ルールを守ろう」という気になれるのです。親が上から〈 3 〉的に押しつけたルールは決して守られません。そして、ルールが決まったら、つねに意識できるようにホワイトボードに書いて注2明文化しておきましょう。

8. 実際にルールを運用してみると、現実にそぐわない点が出てくることも多いので、そのときはまた話し合って修正していきます。そのためにも、すぐ書き換《か》えられるホワイトボードがいいのです。

9. なお、ゲームの時間についてですが、ゲーム学習論などが専門の東京大学大学総合教育研究センターの藤本徹《とおる》准教授によると、「1日3時間くらいまで、週21時間以下の範囲でゲームをする子どもであれば、日常生活に影響するようなゲーム依存の問題は出ていないという調査結果がある。心配であれば1日3時間を目安にするといい」とのことです。

ラミングなど、お話していろいろなことをやってみたそうです。1回でやめたものも多いそうですが、結局子どもはプラモデルと鉄道モケイが趣味になり、その結果、ゲームをやる時間も減ったそうです。〈 オ 〉

16. 以上、盛りだくさんになりましたが、とにかく大事なのは、ゲームについて親の考えを一方的に押しつけるのではなく、共感的で対等かつ民主的な進め方をするということです。そのためにも、ゲームについての考え方や対策について親自身の理解を注5アップデートすることも大切です。

（親野智可等「『ゲーム＝悪いもの』と連呼する親が問題である訳」）

注1 課金…サービスの利用に対して料金をかけること。
注2 明文化…はっきり文書で書き示すこと。
注3 試行錯誤…失敗を繰り返しながら解決法を探ること。
注4 媒介…二つのものの間にあって、両者の関係のなかだちをすること。また、そのような役わりをするもの。
注5 アップデート…システムや情報を最新のものにすること。

第2問　次の文章を読み、あとの問いに答えなさい。

中学生のミサは、電車で帰宅する際、友達のマユミと並んで座って帰るために、二人のうちどちらかが掃除当番のときは当番ではないほうが先に電車に乗り、二人分の席をとっておくということを日常的に行っていた。本文はミサがマユミのために席を取って待っている場面である。

（その三）

お詫び
著作権上の都合により、文章は掲載しておりません。
ご不便をおかけし、誠に申し訳ございません。
教英出版

問8 本文の説明として最もふさわしいものを次の**ア**～**エ**の中から一つ選び、記号で答えなさい。

ア 子どもがゲーム中毒・依存症になるのを防ぐために、ホワイトボードを用いてルールを明文化しておくのがよい。

イ ゲームをする時間を1日3時間を目安にすることで情報収集力、判断力、記憶力、集中力、計画力などが身につく。

ウ ゲームに関するルールを決める際は、親と子どもが共感的かつ対等な立場で民主的に進めることが大事である。

エ 親はゲームをする子どもに対し、積極的に関わるのではなく、問題が起こるまで見守ってあげることが重要である。

（その四）

《 第2問 》 解答に字数の指示があるものは、すべて句読点などの記号もすべて字数に含みます。

問1 ――線部（a）「改札」（b）「ハンシャ」（c）「疲」（d）「チョウレイ」（e）「シシュンキ」のカタカナは漢字に、漢字はひらがなになおしなさい。

問2 本文中の〈 1 〉・〈 2 〉・〈 3 〉・〈 4 〉に入る語として最もふさわしいものをA群の**ア**～**ク**の中から、〔 X 〕に入る言葉として最もふさわしいものをB群の**ア**～**オ**の中からそれぞれ一つずつ選び、記号で答えなさい。ただし、A群中の同じものは繰り返し使わないものとします。

A群　**ア** だが　**イ** つまり　**ウ** しばらく　**エ** そして
　　　オ たとえば　**カ** やっと　**キ** とっさに　**ク** やがて

B群　**ア** 知識　**イ** 想像　**ウ** 自信　**エ** 予想　**オ** 不安

問3 ――線部「ながら」と同じ意味の言葉を次の**ア**～**エ**の中から一つ選び、記号で答えなさい。

・今日は音楽を聴き**ア**ながら勉強しよう。　・ゆかちゃんは子ども**イ**ながらもとても礼儀正しい。
・ここには昔**ウ**ながらの街並みが残っている。　・悪いことだと知ってい**エ**ながらうそをついてしまった。

問4 本文中の【　　】には次の**ア**～**キ**の語句を並べ替えた一文が入ります（句読点は考えに入れないものとします）。これについて、あとの問いに答えなさい。

【**ア**異様な　**イ**マユミが　**ウ**読めない　**エ**空気を　**オ**ままに　**カ**電車に　**キ**乗ってきた】

(1) これを意味が通るように並べ替えたとき、**ア**「異様な」がかかっていく語句を**イ**～**キ**の中から一つ選び、記号で答えなさい。

(2) この文の主語に当たる語句を**ア**～**キ**の中から一つ選び、記号で答えなさい。

問5 ――線部①「注目を集めた理由」とありますが、その「理由」とは何でしょうか。三十五字以内で答えなさい。

令和５年度

津田学園中学校・高等学校(六年制)入学試験問題

一般入試

算　　　数

（１００点　４５分）

注意事項

１．開始の合図があるまでは，この問題冊子を開いてはいけません。
２．答えはすべて解答用紙に記入してください。
３．<u>解答用紙には必ず受験番号</u>を書いてください。
４．終わりの合図ですぐに筆記用具をおき，係の先生の指示にしたがってください。
５．問題の内容についての質問には応じません。印刷のはっきりしないところがある
　　場合には，だまって手をあげ，係の先生に聞いてください。
６．問題文中の Ｌ はリットルを表します。

第１問　次の$\square$に当てはまる数を答えなさい。

(1)　$120-92\div\{(28-12)\div4\}=\square$

(2)　$9.707\div57.1+0.59\times0.7=\square$

(3)　$1.32\times11.5+11.5\times0.42+\dfrac{13}{50}\times11.5=\square$

(4)　$\dfrac{9}{100}\times(68-72\div\square)=5.4$

第２問　次の図は，1枚の折り紙を以下の手順で折り曲げたものです。
このとき，図の角 x，y を求めなさい。ただし，折り紙の形は正方形で考える。

手順
①折り紙をたて半分に折り曲げて，折り目をつける。
②折り紙の頂点が，①の折り目上で重なるように2方向から折る。

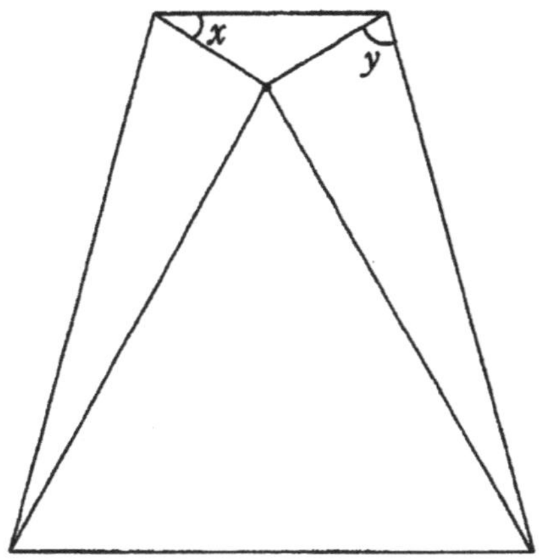

第３問　上下２段の本だながあります。上段は横はばが 29 cm，下段は横はばが 43 cm です。この本だなに厚さ３cm の本と，厚さ４cm の本を何冊かずつ入れて，上段下段ともきっちり入れました。厚さ３cm の本は上段下段合わせて８冊あり，厚さ４cm の本は下段の方が上段より２冊多くなりました。このとき，次の問いに答えなさい。

(1)　上段に厚さ３cm の本は何冊入っているかを求めなさい。

(2)　上段に厚さ4cm の本は何冊入っているかを求めなさい。

(3)　本は合計で何冊あるかを求めなさい。

第４問　流れの速さが一定の川の上流にA町があり，そこから 30 km 下流にB町があります。２つの町のあいだを定期船と観光船が往復しています。A町を出発してB町まで往復する定期船は行きに１時間 30 分，帰りに２時間 30 分かかります。観光船はA町からB町まで１時間 40 分かかります。このとき，次の問いに答えなさい。

(1)　定期船の静水時の速さは時速何 km になるかを求めなさい。

(2)　A町からB町に向かって定期船で１時間進んだときB町まで残り何ｋｍになるかを求めなさい。

(3)　川の流れの速さは時速何ｋｍになるかを求めなさい。

(4)　観光船がB町からA町までにかかる時間を求めなさい。

第５問　下の［図１］，［図２］の図形を直線 l を軸として１回転させます。このとき，次の問いに答えなさい。ただし，円周率は3.14とします。
円すいの体積は（底面積×高さ÷3）で求めることができます。

［図１］

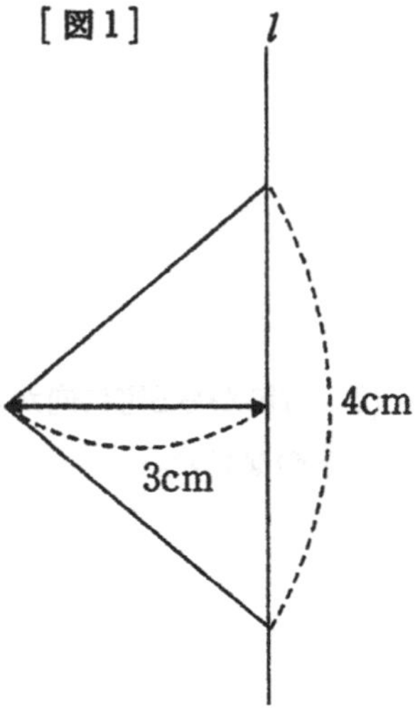

(1)　［図１］の図形を１回転させてできる立体の体積を求めなさい。

(2)　［図２］の図形を１回転させてできる立体の体積を求めなさい。

［図２］

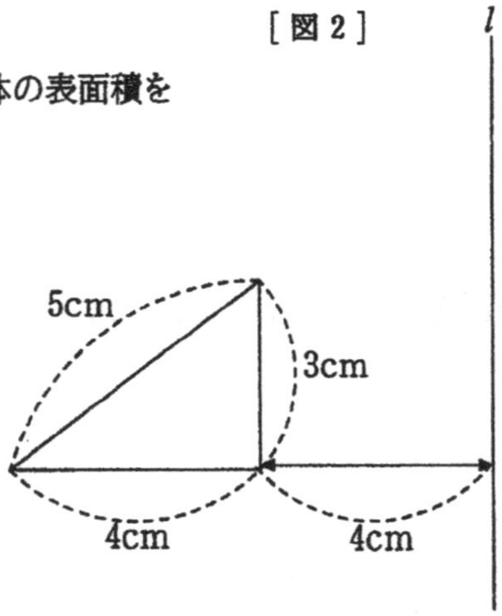

(3)　［図２］の図形を１回転させてできる立体の表面積を求めなさい。

第６問　下図の三角形ABCは角Aが90度の直角三角形であり，AB=8cm，AC=15cm である。三角形ABCを，面積が５等分になるように線を引いて分けました。このとき，次の問いに答えなさい。

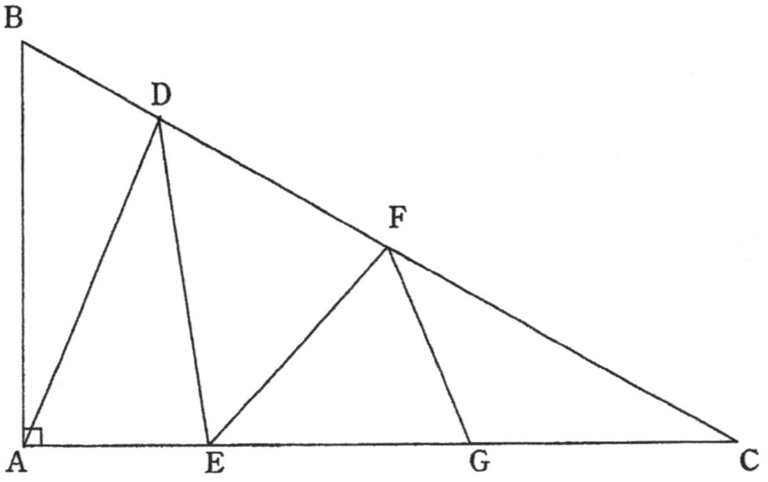

(1)　CF：FDを求めなさい。

(2)　CF：FBを求めなさい。

(3)　GCの長さを求めなさい。

第7問　花子さんは八百屋さんの果物コーナーで働いており，りんご，みかん，バナナの3種類をはん売しています。店長より「1月7日に，果物はそれぞれ何個売れたのか。」と質問があり，花子さんは次の【1月7日お店の様子】をもとにして考え，あとのように店長に説明しました。

【1月7日お店の様子】
- りんご1個 あたりの値段は，250円であった。
- みかん1個 あたりの値段は，200円であった。
- バナナ1個 あたりの値段は，みかん1個 あたりの値段の70％であった。
- 3種類のはん売数の合計は250個で，そのうちバナナのはん売数は50個であった。
- 3種類の売り上げの合計は，53000円であった。

【花子さんの説明】

バナナ50個の値段は［ア］円です。それをふまえてはん売数の合計と売り上げの合計を考えると，りんごのはん売数は［イ］個，みかんのはん売数は［ウ］個だったことがわかります。

その後店長から工夫をしてはん売をするように指示があり，花子さんは翌日1月8日に，次のように3種類の果物をつめ合わせたAセットとBセットをはん売したところ，すべて売り切れました。

【セット商品の内容及びはん売状況】
- Aセットは，りんご5個，みかん4個，バナナ6個の詰め合わせとし，値段を2500円にした。
- Bセットは，りんご3個，みかん5個，バナナ4個の詰め合わせとし，値段を2000円にした。
- 用意したAセットとBセットの合計は30セットであった。
- Aセット，Bセットそれぞれの半分が売れたところで，残りのセットは20％引きの値段ではん売した。
- AセットとBセットの売り上げの合計は，57600円であった。

(1)　上の［ア］～［ウ］にはあてはまる数を答えなさい。

(2)　用意したＡセットの数とＢセットの数の比を，最も簡単な整数の比で答えなさい。

(3)　もとの値段で売ったときに比べて，売り上げの減少が16000円以内なら良いと指示がありました。1月8日のはん売方法は指示された条件を満たしているか，満たしていないかを答えなさい。

＜算数　終わり＞

令和５年度

津田学園中学校・高等学校(六年制)入学試験問題

一般入試

理　　　科

（１００点　４５分）

注意事項

1．開始の合図があるまでは，この問題冊子を開いてはいけません。
2．答えはすべて解答用紙に記入してください。
3．解答用紙には必ず受験番号を書いてください。
4．終わりの合図ですぐに筆記用具をおき，係の先生の指示にしたがってください。
5．問題の内容についての質問には応じません。印刷のはっきりしないところがある場合には，だまって手をあげ，係の先生に聞いてください。
6．問題文中の L はリットルを表します。

第１問　以下の図のように植物をグループ分けしました。このことについて，あとの問いに答えなさい。

図

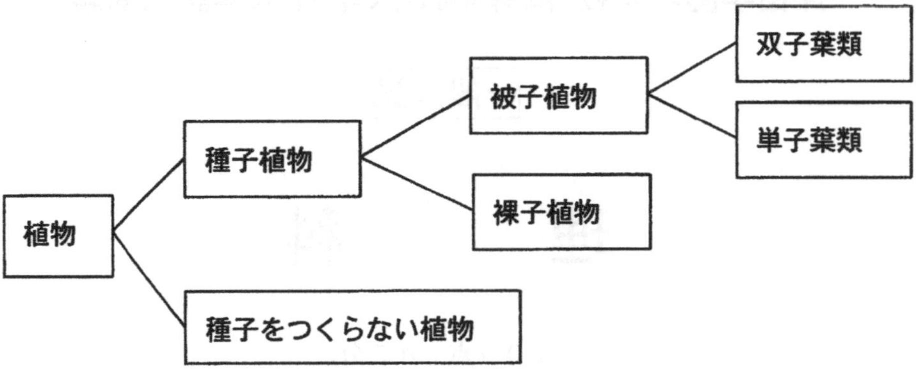

(1)　種子植物を被子植物と裸子植物に分けたときの特徴の違いは何ですか。簡単に答えなさい。

(2)　被子植物を双子葉類と単子葉類に分けたときの特徴の違いは何ですか。子葉の特徴の違いに着目して答えなさい。

(3)　(2) 以外の特徴の違いでも被子植物を双子葉類と単子葉類に分けることができます。葉脈と根の特徴の違いに着目してそれぞれ答えなさい。

(4)　種子をつくらない植物をさらにグループ分けすることができます。グループ分けするときの特徴の違いを答えなさい。

(5)　(4) でグループ分けされた植物はそれぞれ何植物と呼ばれますか。名称《めいしょう》を答えなさい。

(6)　上の図に示されている被子植物の双子葉類・単子葉類，裸子植物と種子をつくらない植物の具体例をそれぞれ１種類答えなさい。

第２問　長さは違うが、材質と太さが同じものでできた5本の電熱線A～Eがあります。そのうちのA，B，Cの3本の長さはそれぞれ，Aは10 cm，Bは5 cm，Cは2.5 cmになっています。これらの電熱線を図1のように水200 gが入ったビーカーに入れて，水温の上がり方を調べたところ，5本の電熱線は図4のような，5本の直線になりました。このあと，A～Cの3本の電熱線を図2，図3のように配線してビーカーに入れ，水温の上がり方を調べました。これについて，あとの問いに答えなさい。なお，電源装置《そうち》の電圧は一定で，ビーカーに入れた水の量や電流を流す前の水温はどれも同じものとし，電熱線から発生する熱はすべて水温の上昇に使われるものとします。

図1

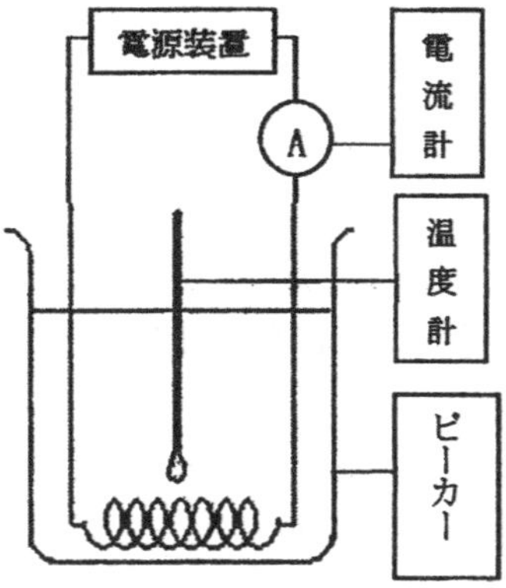

図2

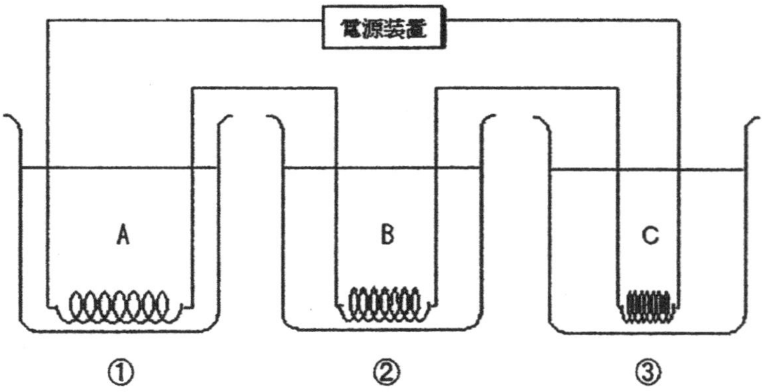

図3

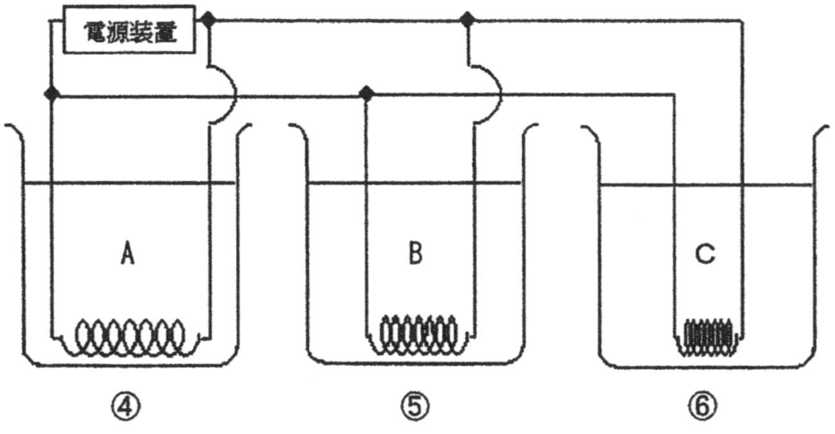

図4

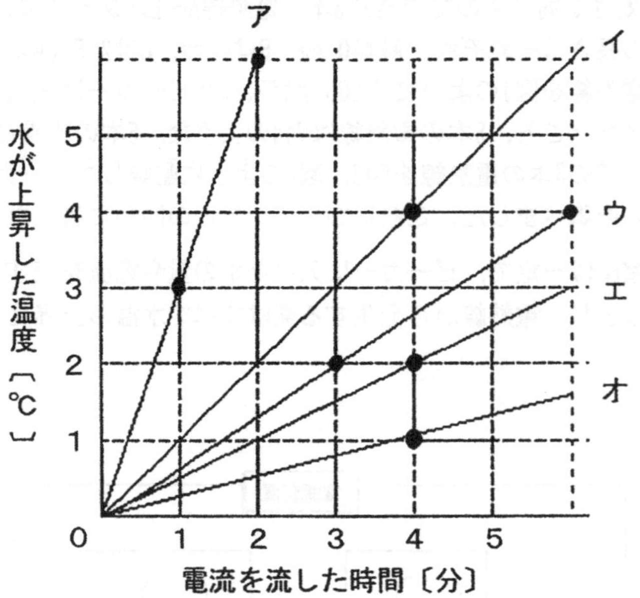

(1)　図1で，電熱線Bを使ったとき水の温度の上がり方はどのようになりますか。図4の**ア～オ**から選び，その記号で答えなさい。

(2)　図1で，ビーカーの水を100 gにして電熱線Aを使い40分電流を流した。このとき，水の温度は何 ℃上がりますか。

(3)　図2のようにつないだとき10分間の水の温度の上がり方が最も大きいビーカーはどれですか。図2の①～③から選び，その記号で答えなさい。

(4)　図3で，ビーカー⑥の水の温度の上がり方はどのような上がり方をしますか。図4の**ア～オ**から選び，その記号で答えなさい。

(5)　図3で，ビーカー⑤の水を80gにして，40分電流を流したとき，ビーカー⑤の水の温度は何 ℃上がりますか。

筋肉の働きと言えば，物を持ち上げたり，走ったりする運動，すなわち力を発揮《はっき》することであると多くの人が答えます。もちろん，力の発揮は筋肉の最も重要な働きです。しかし，筋肉にはほかにも重要な仕事があります。それは，人間の身体の「熱」を作ることです。これを「熱産生」と呼びます。人間は，体の外の環境の温度によって体温が変動することが無い動物です。どれだけ寒い環境にいても，暑い環境にいても病的にならない限りは人間の体温（いわゆる平熱）は一定に保たれています。特に身体の内側の温度は，よほどのことが無い限り37 ℃付近で安定するようにかなり細かく維持されています。寒い場合には無意識にふるえたり，小刻《こきざ》みに動いたりすることで，筋肉が持つもう一つの重要な働き，「熱産生」を発揮します。人間は，体温を一定に保ち，適切な生命現象を維持するために，熱を身体の外に放出し体温を下げたり，逆に熱を作って体温を上げたりしています。この熱を作る主役が筋肉であったわけです。

ワット(W)数とは，電熱線や筋肉などの熱を生み出す量の単位であり，1 Wの電力で電流を1秒間流すと，水1 gが0.25 ℃上がります。1 Wの電力で電流を60秒間流すと，水1 gが15 ℃上がります。

(6) 200 Wの電力で電流を60秒間流すと，水200 gは何 ℃上がりますか。

(7) 図4の電熱線**ア**は，電流を1分間流すと，水200 gが3 ℃上がります。**ア**の電熱線のW数を求めなさい。

(8) 図4の電熱線**イ**のW数を求め、小数第2位を四捨五入して答えなさい。

(9) 人の熱産生は100 Wと言われています。図4の電熱線**ア**の何倍のW数ですか。

(10) ある人の体重が60 kgで，温度が一定に保たれているものとします。1秒間あたり何Wの熱が放出されていることになりますか。

(11) 下線部の熱を下げる方法の一つとして汗がある。汗はどうなることによって体から熱をうばいますか。

第３問　私たちの身の回りには，①～⑧のようなさまざまな水溶《よう》液があります。それらの水溶液には酸性，アルカリ性，中性の３つの性質があります。このことについて，あとの問いに答えなさい。

①　食塩水　②　酢酸《さくさん》水溶液　③　石灰水　④アンモニア水　⑤　炭酸水
⑥　砂糖水　⑦　重曹《じゅうそう》水　⑧　アルコール水溶液

(1)　①～⑧の水溶液のうち，酸性を示す水溶液を①～⑧からすべて選び記号で答えなさい。

(2)　①～⑧の水溶液のうち，赤色リトマス紙を青色に変色する水溶液を①～⑧からすべて選び記号で答えなさい。

(3)　①～⑧の水溶液のうち，赤色リトマス紙と青色リトマス紙の両方につけても変色しなかった水溶液を①～⑧からすべて選び記号で答えなさい。

(4)　次の文章の（ア）～（ウ）にあてはまる色をそれぞれ答えなさい。

BTB溶液は，酸性では（　ア　）色，中性では（　イ　）色，アルカリ性では（　ウ　）色になる。

(5)　③石灰水と⑤炭酸水は何という物質が水に溶《と》けたものですか。それぞれ名称を答えなさい。

(6)　マヨネーズを青色リトマス紙につけたところ赤色に変色しました。これはマヨネーズにある調味料が含《ふく》まれているからです。含まれている調味料の名称を答えなさい。

第４問　図は日本のある地点で午後8時にある方角の夜空をスケッチしたものです。このことについて，あとの問いに答えなさい。

図

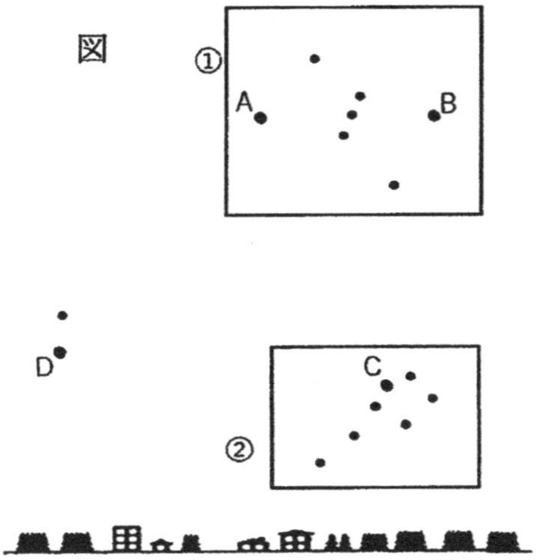

(1)　A～Dの星の名前と色をそれぞれ答えなさい。

(2)　①，②の星座の名前をそれぞれ答えなさい。

(3)　A，C，Dの星を結ぶと三角形になります。この名称を答えなさい。

第５問　下の図のように動物をグループ分けしました。このことについて，あとの問いに答えなさい。

図

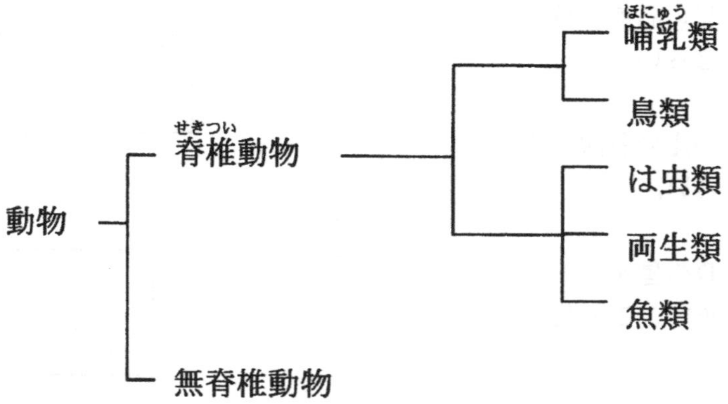

⑴　脊椎動物と無脊椎動物の違いを答えなさい。

⑵　哺乳類と鳥類の繁殖形態《はんしょくけいたい》をそれぞれ何というか。

⑶　無脊椎動物のグループには，クモやムカデなどのグループとタコやイカなどグループが存在する。それぞれのグループを何動物といいますか。

⑷　生物の一生のうち，水中と陸上の両方で生活する動物のグループを答えなさい。

⑸　脊椎動物のうち肺呼吸をする動物のグループをすべて答えなさい。

⑹　脊椎動物のうち体温が気温によって変化する動物のグループをすべて答えなさい。

⑺　次の動物たちはどのグループに分類されるか答えなさい。

①　カメ　　②　コウモリ　　③　ペンギン　　④　イモリ

〈理科　終わり〉

令和５年度

津田学園中学校·高等学校(六年制)入学試験問題

一般入試

社　　　会

（１００点　４５分）

注意事項

１．開始の合図があるまでは，この問題冊子を開いてはいけません。
２．答えはすべて解答用紙に記入してください。
３．**解答用紙には必ず受験番号**を書いてください。
４．終わりの合図ですぐに筆記用具をおき，係の先生の指示にしたがってください。
５．問題の内容についての質問には応じません。印刷のはっきりしないところがある
　　場合には，だまって手をあげ，係の先生に聞いてください。

第１問　次の図Ａ～Ｊは，ある都道府県を示し，あとの□内のＡ～Ｊの各文は，図Ａ～Ｊに対応しています。図Ａ～Ｅは都道府県の主な部分の形を，図Ｆ～Ｊは都道府県章を示しています。図Ａ～Ｅの方位は同じですが，縮尺は同じではありません。また，● の印は都道府県庁所在地の位置を示しています。これについて，あとの問いに答えなさい。

Ａ

Ｂ

Ｃ

Ｄ

Ｅ

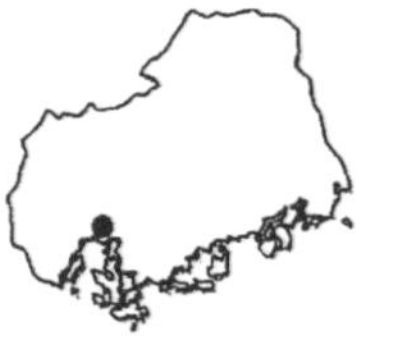

Ｆ

Ｇ

Ｈ

Ｉ

Ｊ

Ａ　県の西の端を流れる木曽三川の中・下流域は洪水が多く，（　①　）とよばれる堤防で囲まれた集落がつくられてきた。

Ｂ　古くからの寺社が多く残り，海外からの観光客も多い。茶の生産量は 47 都道府県の中で第５位であり，（　②　）茶はこの地方を代表する農産物である。

Ｃ　かつては（　③　）王国が栄えていた。その拠点であった首里城は 2019 年に火災で焼失したが，再建が進められている。

Ｄ　太平洋側では，(a) 初夏に（　④　）とよばれる冷たい北東風がふき，農作物に被害が出ることがある。

Ｅ　瀬戸内海側の湾内では，冬の味覚としても人気のある（　⑤　）の養殖がさかんで，全国一の生産量をほこる。

Ｆ　県庁所在地の都市は（　⑥　）藩前田家百万石の城下町として栄え，(b) 日本三名園の１つがある。

Ｇ　（　⑦　）自動車道と磐越自動車道が交わる郡山市は，(c) 電子部品工業がさかんである。

Ｈ　海を挟んだ県との間は（　⑧　）大橋でつながっており，結びつきが強い。

Ｉ　冬に県内や関東地方北部に吹く冷たい北西からの風のことを（　⑨　）という。

Ｊ　比叡山延暦寺は平安時代に最澄が開いた（　⑩　）宗の総本山で，世界文化遺産に登録されている。

問1　A～Jの文中の（ ① ）～（ ⑩ ）にあてはまる語句をそれぞれ答えなさい。

問2　下線部(a)のような被害を何というか答えなさい。

問3　下線部(b)にあてはまるものを次の**ア～エ**の中から１つ選び，記号で答えなさい。

ア　兼六園　　**イ**　六義《りくぎ》園　　**ウ**　後楽園　　**エ**　偕楽《かいらく》園

問4　下線部(c)は高速道路や空港の近くでさかんです。その理由を述べなさい。

問5　Ｊにある日本最大の湖が「水鳥の生息地として国際的に重要な湿地」として指定されている条約を次の**ア～エ**の中から１つ選び，記号で答えなさい。

ア　ワシントン条約　　**イ**　ラムサール条約

ウ　ロンドン条約　　**エ**　ウィーン条約

問6　A～Jの中で，面積が最も大きいものと最も小さいものの組み合わせを次の**ア～カ**の中から１つ選び，記号で答えなさい。

ア　大：A　小：C　　**イ**　大：A　小：H　　**ウ**　大：D　小：B

エ　大：D　小：H　　**オ**　大：G　小：C　　**カ**　大：G　小：F

問7　A～Jの中にない工業地帯・工業地域を次の**ア～カ**の中から２つ選び，記号で答えなさい。

ア　中京工業地帯　　**イ**　瀬戸内工業地域　　**ウ**　北陸工業地域

エ　京浜工業地帯　　**オ**　阪神工業地帯　　**カ**　関東内陸工業地域

問8　次の各問いについて，それぞれA～Jの記号で答えなさい。

(1) 工業出荷額が最も高い都道府県を１つ選びなさい。

(2) 都道府県庁所在地がある都市の緯度が２番目に高いものを１つ選びなさい。

(3) 人口密度が最も低いものを１つ選びなさい。

問 9　次の雨温図は，A～Jのいずれかの都道府県庁所在地のものです。これについて，あとの各問いに答えなさい。

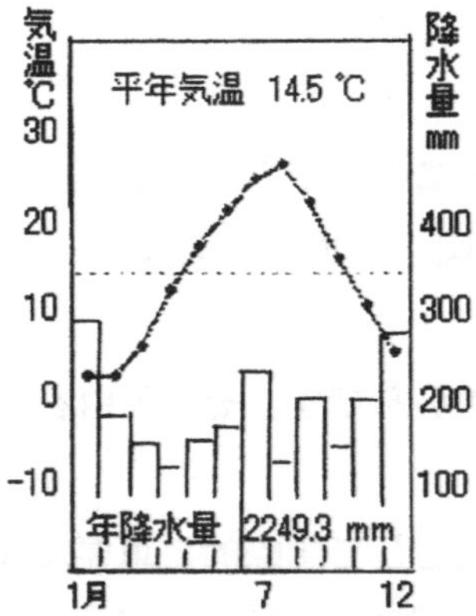

(1)　この雨温図が示す気候区分を次の**ア**～**カ**の中から１つ選び，記号で答えなさい。

ア　内陸の気候　　　**イ**　南西諸島の気候　　　**ウ**　太平洋側の気候
エ　瀬戸内の気候　　**オ**　日本海側の気候　　　**カ**　北海道の気候

(2)　この雨温図は，どの都市のものですか。都市名を答えなさい。

(3)　この雨温図が示す気候と最もよく似た気候の都市を次の**ア**～**エ**の中から１つ選び，記号で答えなさい。

ア　福井　　**イ**　甲府　　**ウ**　高知　　**エ**　岡山

問 10　A～Jの都道府県から１つ選び，例文のように都道府県名を明記し，「世界遺産・国宝」「特産物」「観光名所」「郷土料理」の中から２つの要素を用いて旅行プランを立てなさい。ただし，A～Jの文や問いに出てきたものは使わないこととします。

(例)　岐阜県を訪れ，世界遺産の白川郷を見学し，おみやげとして美濃和紙のちょうちんを買って帰る。

第2問　次のA～Fの各文は，それぞれある歴史上の人物について述べたものです。これを読んで，あとの問いに答えなさい。ただし，それぞれの人物が登場した順には並んでいません。

A　私が将軍のときに幕府は最も栄えました。私は公家の最高位である太政大臣にもなりました。また私は(a)明との貿易を始めました。

B　私は三河国の出身です。幼いころから人質生活が長く，たいへん苦労しました。戦国時代を終わらせ(b)天下を統一した人物の死後，(c)「天下分け目の戦い」に勝利し，幕府を開きました。

C　私が天皇の時代，政治の混乱や病気の流行で社会が不安定でした。そこで私は，仏教の力で国を守るために，国ごとに国分寺・国分尼寺をつくり，都には東大寺と(d)大仏をつくりました。東大寺の境内には，(e)私の遺品などが納められている建造物があります。

D　私は『源氏物語』の作者と同じ時代に活躍し，天皇の后に仕えながら(f)宮廷での生活や，自然について感じたことなどを1つの作品として著しました。

E　私は元々大坂の奉行所で幕府の役人として働いていましたが，(g)幕府の政治に対する不満から反乱を起こしました。その反乱は一日で鎮圧《ちんあつ》されてしまいましたが，幕府は大きな衝撃《しょうげき》を受けました。

F　私は初代内閣総理大臣となり，(h)わが国で初めての憲法を制定するときにも中心となりました。(i)日清戦争を終えるにあたっては，全権として条約を結びました。

問1　下線部(a)について，この貿易では勘合とよばれる下の図のような合札が使用されました。その理由を述べなさい。

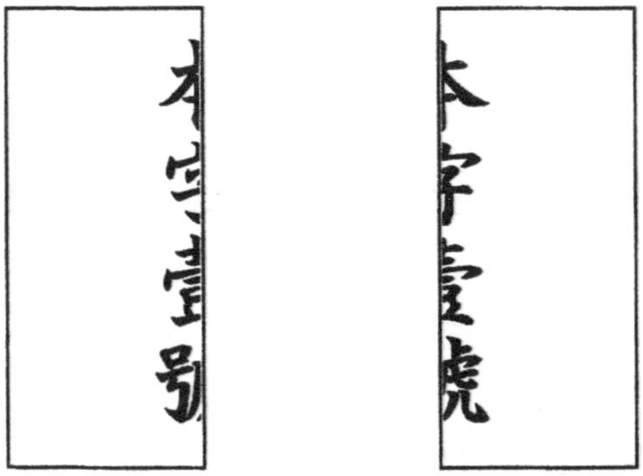

問２　Ａの人物について述べた文として**誤っているもの**を次の**ア～エ**の中から１つ選び，記号で答えなさい。

ア　２つに分かれていた朝廷を１つにまとめることに成功した。

イ　京都の室町に「花の御所」とよばれる邸宅をつくった。

ウ　銀閣を建立し，現代につながる和風文化のもとをつくった。

エ　観阿弥・世阿弥親子を保護したことが，能楽の発展につながった。

問３　下線部(b)について述べた文として**誤っているもの**を次の**ア～エ**の中から１つ選び，記号で答えなさい。

ア　中国を征服しようとして朝鮮半島に２度にわたり大軍を送った。

イ　商工業を発展させるため安土などで楽市・楽座を実施《じっし》した。

ウ　農民から年貢を確実にとるために全国的に検地を行った。

エ　農民の一揆を防ぎ，農業に打ち込ませるために刀狩を行った。

問４　下線部(c)が行われた場所を下の地図の**ア～エ**の中から１つ選び，記号で答えなさい。

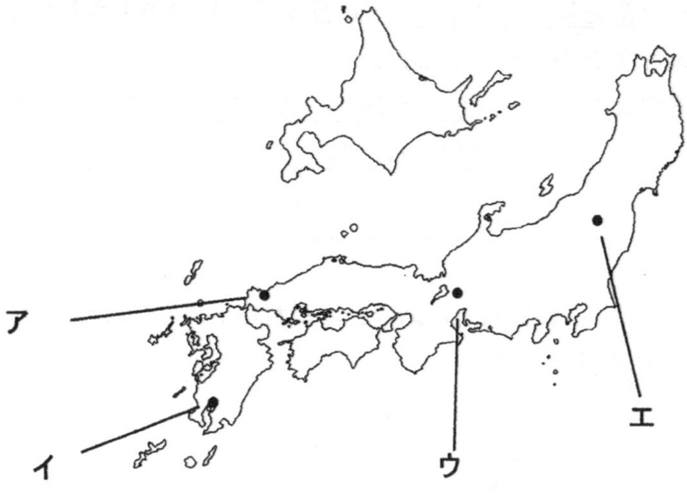

問５　Ｂの人物について述べた文として**誤っているもの**を次の**ア～エ**の中から１つ選び，記号で答えなさい。

ア　江戸に幕府を開き，この幕府は260年あまり続いた。

イ　全国の大名を親藩・譜代・外様に分類した。

ウ　息子の代のとき，大名を取り締まる武家諸法度が定められた。

エ　キリスト教の布教を認め，積極的に保護した。

2023(R5) 津田学園中
K 教英出版

問6　下線部(d)に協力し，民間にも布教活動を行った僧侶を次の**ア**～**エ**の中から１人選び，記号で答えなさい。

ア　運慶　　**イ**　鑑真　　**ウ**　空海　　**エ**　行基

問7　下線部(e)にあてはまるものを次の**ア**～**エ**の中から１つ選び，記号で答えなさい。

ア　鳳凰堂　　**イ**　正倉院　　**ウ**　法華堂　　**エ**　金色堂

問8　下線部(f)の文学作品を何というか答えなさい。

問9　下線部(g)の反乱を何というか答えなさい。

問10　Ｅが活躍した時代に描かれた美術作品を次の**ア**～**エ**の中から１つ選び，記号で答えなさい。

ア

イ

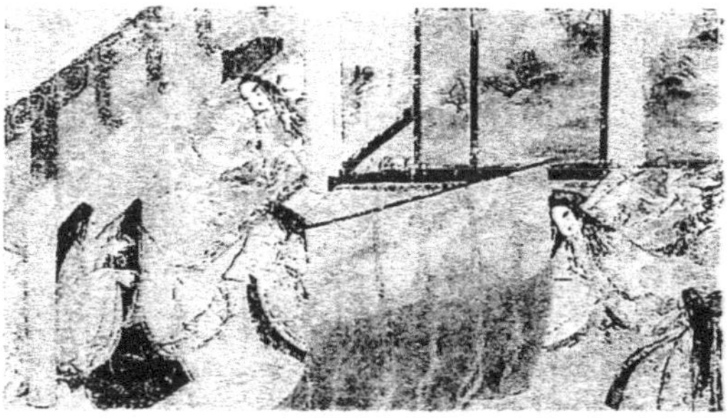

ウ

エ

問 11　下線部(h)が現在の憲法と異なる点を１つ答えなさい。

問 12　下線部(i)について，この条約を何というか答えなさい。

問 13　Ａ～Ｆの各文の人物を登場した順に並べたとき，４番目となるものを記号で答えなさい。

2023(R5) 津田学園中
K 教英出版

国語

第一問

問1

a

b

c

d

e

問2

1

2

3

4

問3

問4

問5

(1)

(2)

私はこの意見に賛成／反対です。なぜなら

受験番号

得点

※100点満点
（配点非公表）

第5問

(1)	cm^3	(2)	cm^3
(3)	式や説明 答え　　　cm^2		

第6問

(1)	：	(2)	：
(3)	cm		

第7問

(1)	ア		イ		ウ	
(2)	：					
(3)	式や説明 答え					

第3問	(1)		(2)		(3)		
	(4)	(ア)		(イ)		(ウ)	
	(5)	③		⑤		(6)	

第4問	(1)	A	色	B	色
		C	色	D	色
	(2)	①		②	
	(3)				

第5問	(1)		
	(2)	哺乳類	鳥類
	(3)	クモやムカデ	タコやイカ
	(4)		
	(5)		
	(6)		
	(7)	①	②
		③	④

問8		問9		問 10	
問 11					
問 12		問 13			

第３問

問1		問2		問3	
問4		問5		問6	
問7		問8			
問9					
問 10					
問 11		問 12		問 13	

第４問

問1					
問2	私は「　　　　　　　　」です。 理由:				
問3		問4		問5	
問6		問7			

社会

受験番号

得　点
※100点満点 （配点非公表）

第１問

問1	①		②		③	
	④		⑤		⑥	
	⑦		⑧		⑨	
	⑩					
問2		問3				
問4						
問5		問6		問7		
問8	(1)		(2)		(3)	
問9	(1)		(2)		(3)	
問10						

第２問

問1					
問2		問3		問4	
問5		問6		問7	

理科

受験番号

得　点
※100点満点 （配点非公表）

第１問	(1)		
	(2)		
	(3)	葉脈	
		根	
	(4)		
	(5)		
	(6)	被子植物双子葉類	被子植物単子葉類
		裸子植物	種子をつくらない植物

第２問	(1)		(2)	℃	(3)	
	(4)		(5)	℃		
	(6)	℃	(7)	W	(8)	W
	(9)	倍	(10)	W		
	(11)					

算数

受験番号	得　点
	※100点満点 （配点非公表）

第１問

(1)		(2)	
(3)		(4)	

第２問

x	度	y	度

第３問

(1)	冊	(2)	冊
(3)	冊		

第４問

(1)	時速　　　km	(2)	km
(3)	時速　　　km	(4)	時間　　　分

問7

〈反論〉

問8

第二問

問1

a

b

c

d

e

問2

1

2

3

4

X

問3

問4

(1)

(2)

問5

問6

問7

問8

第３問　歴史にくわしいあきおくんが，なつみさんと日本の政権の歴史について会話しています。二人の会話を読んで，あとの問いに答えなさい。

あきお：日本に統一政権が誕生した時期はいつごろかを考えてみよう。

なつみ：(a) 弥生時代後期の３世紀ごろ，(b) 卑弥呼が支配するかなり大きな国が存在したことが中国の歴史書に書かれているけど，その国はどこにあったのかな？

あきお：近畿説や九州説などあり，はっきり分かっていないね。最初の統一政権といえるのは，４世紀末ころに成立した (c) 大和朝廷じゃないかな。この政権の支配者は大王《おおきみ》とよばれ，のちに天皇とよばれるようになったんだ。

なつみ：天皇以外に権力を手にした人はいたのかな？

あきお：(d) 幼い天皇を補佐するという形で実質的に政治権力を手にした人たちもいたね。貴族の（　Ａ　）氏の政治はその代表的なものだね。ただ，のちに（　Ａ　）氏のような貴族の影響力を少なくするために，力がある間に (e) 天皇の位をゆずり，上皇として実権をにぎる政治が行われたのも天皇以外の人物が政治をおこなった一例だよ。

なつみ：天皇家や貴族以外で力を持ったのはどんな人たちだっただろう？

あきお：それは武士だね。中でも源氏と平氏の二大勢力が力をつけ，保元の乱と平治の乱を勝ち抜いて政治権力を手にしたのが (f) 平清盛なんだ。その後，平氏を滅亡《めつぼう》させた源氏は鎌倉に将軍を頂点とする政治のしくみである幕府を開いたんだ。源頼朝の死後は，その妻の実家である北条氏が幕府内での権力争いを勝ち抜き，(g) 将軍を補佐する立場で実質的に権力を握ったね。

なつみ：元寇以降衰《おとろ》えた鎌倉幕府を倒した後醍醐《ごだいご》天皇は，新しい政治を行ったけど，多くの武士からは支持されなかったのはどうしてだろう？

あきお：（　　　　　　　　　　B　　　　　　　　　　）。
その後政権は再び足利尊氏を中心とする武士にわたることとなったんだ。足利尊氏は京都に幕府を開いたけど，応仁の乱以降将軍の力は衰えて，(h) 下剋上とよばれる不安定な状態となり戦国時代に入ったんだ。

なつみ：戦国時代が終わって江戸幕府が成立すると，戦乱のない平和な時代になったよね。平和な時代はいつまで続いたのかな？

あきお：太平の世は (i) 欧米列強の来航で大きく変わったね。特に西日本で盛り上がった (j) 討幕運動は武士の時代を終わらせることとなったんだ。そして明治に入ると，再び (k) 天皇を中心とした国づくりがはじまったね。現在に至るまでにさまざまな移り変わりがあったことが分かったね。

問１　下線部(a)の遺跡にあてはまるものを次の**ア～エ**の中から１つ選び，記号で答えなさい。

ア　稲荷山古墳　　**イ**　吉野ヶ里遺跡　　**ウ**　三内丸山遺跡　　**エ**　大仙古墳

問２　下線部(b)のことを何というか答えなさい。

問３　下線部(c)の政治について述べた文として正しいものを次の**ア～エ**の中から１つ選び，記号で答えなさい。

ア　この朝廷が成立してまもなく法律が制定され，税のしくみがつくられていった。

イ　豪族は氏という集団をつくり，朝廷から臣・連などの姓を与えられ，それぞれ決まった仕事についた。

ウ　豪族は荘園とよばれる私有地を増やし，しだいに豊かになっていった。

エ　中国大陸との交流はほとんどなく，中国の制度や文化などを取り入れることはほとんどなかった。

問４　下線部(d)の目的で設置された役職を次の**ア～エ**の中から１つ選び，記号で答えなさい。

ア　摂政　　**イ**　執権　　**ウ**　参議　　**エ**　右大臣

問５　文中の空欄（　Ａ　）にあてはまる一族を次の**ア～エ**の中から１つ選び，記号で答えなさい。

ア　蘇我　　**イ**　菅原　　**ウ**　九条　　**エ**　藤原

問６　下線部(e)のことを何というか答えなさい。

問７　下線部(f)の人物について述べた文として**誤っているもの**を次の**ア～エ**の中から１つ選び，記号で答えなさい。

ア　大輪田泊という港を修復し，宋との貿易を行った。

イ　武士として初めて関白までのぼりつめた。

ウ　自分の娘を天皇の后とし，生まれた皇子を天皇に立てた。

エ　一族の者たちを取り立て，朝廷の高い位を独占した。

問 8　下線部(g)の役職の名を次の**ア～エ**の中から１つ選び，記号で答えなさい。

ア　侍所　　**イ**　政所　　**ウ**　執権　　**エ**　関白

問 9　文中の空欄（　　B　　）にあてはまる文を考えて述べなさい。

問 10　下線部(h)とはどのような状態であるか述べなさい。

問 11　下線部(i)について述べた文として正しいものを次の**ア～エ**の中から１つ選び，記号で答えなさい。

ア　日本は鎖国状態を終わらせ，欧米諸国と対等な条約を結んだ。

イ　欧米諸国との貿易が始まると，安い外国製品が流入したことや国内で品不足が起こったことなどから物価が上昇した。

ウ　来日した外国人には住む場所や商売の自由が認められた。

エ　幕府に対して，国民から選ばれた代表者による議会を開くように求める運動が起こった。

問 12　下線部(j)に加わった藩として**ふさわしくないもの**を次の**ア～エ**の中から１つ選び，記号で答えなさい。

ア　会津藩　　**イ**　長州藩　　**ウ**　薩摩藩　　**エ**　土佐藩

問 13　下線部(k)に関連して，次の史料は明治天皇が神々に誓うという形で新しい政府の方針を示したものです。これを何というか答えなさい。

一，政治は会議を開き，みんなの意見を聞いて決めよう。 一，みんなが心を合わせて国の政策を行おう。 一，すべての人々の願いがかなえられるような政治をしよう。 一，これまでの悪い習慣を改めよう。 一，新しい知識を世界に学ぼう。

第４問　次のＡ～Ｃの文を読んで，あとの問いに答えなさい。

A　2021 年７月，「奄美大島，徳之島，沖縄島北部および西表島」が(a) 世界自然遺産に登録された。2022 年現在，(b) 日本の世界遺産は 25 件となっている。

B　2022 年５月，(c) 沖縄県が本土復帰 50 周年を迎え，記念式典が行われた。

C　2022 年６月，日本は(d) 国際連合の安全保障理事会の(e) 非常任理事国に選出された。今回で 12 回目となったが，これは世界最多の回数である。

D　2022 年７月，(f) 参議院議員の(g) 選挙が実施され，与党は選挙前よりも議席数を伸ばした。

問１　下線部(a)に**あてはまらないもの**を次の**ア**～**エ**の中から１つ選び，記号で答えなさい。

ア　屋久島　　**イ**　白神山地　　**ウ**　知床　　**エ**　富士山

問２　下線部(b)に関連して，日本の世界遺産の数が増えていくことにあなたは賛成ですか，それとも反対ですか。解答欄に合うように理由を１つ挙げて述べなさい。

問３　下線部(c)に関連して，1972 年まで沖縄県を統治していた国を答えなさい。

問４　下線部(d)について述べた文として**誤っているもの**を次の**ア**～**エ**の中から１つ選び，記号で答えなさい。

ア　世界の安全と平和を守るために発足した。

イ　日本は 1945 年の発足当初から加盟している。

ウ　平和維持活動では停戦の監視や選挙の監視など平和を守る活動が行われる。

エ　総会は最高機関で，すべての加盟国の代表が参加して行われる。

問５　下線部(e)について述べた文として**誤っているもの**を次の**ア**～**エ**の中から１つ選び，記号で答えなさい。

ア　５カ国の常任理事国と 10 カ国の非常任理事国で安全保障理事会は構成される。

イ　投票で選ばれ，任期は２年である。

ウ　毎年 10 カ国のうち半数が改選される。

エ　拒否権を持っており，決議に反対することができる。

問6　下線部(f)について述べた文として正しいものを次の**ア**～**エ**の中から１つ選び，記号で答えなさい。

ア　衆議院よりも任期は長く解散がある。

イ　内閣不信任決議を行うことができる。

ウ　３年ごとに半数を改選する。

エ　衆議院よりも強い権限が与えられている。

問7　下線部(g)のときに，政党は自分たちが行おうとしている政策を発表し，実行することを約束します。これを何というか答えなさい。

〈社会　終わり〉

令和４年度

津田学園中学校·高等学校(六年制)入学試験問題

一般入試

国　　語

（１００点　４５分）

注意事項

１．開始の合図があるまでは，この問題冊子を開いてはいけません。
２．答えはすべて解答用紙に記入してください。
３．解答用紙には必ず受験番号を書いてください。
４．終わりの合図ですぐに筆記用具をおき，係の先生の指示にしたがってください。
５．問題の内容についての質問には応じません。印刷のはっきりしないところがある場合には，だまって手をあげ，係の先生に聞いてください。

た。〈イ〉

暗黙《もく》知という言葉がある。自分ではなかなか意識化できないが、意識下や身体ではわかっているという種類の知だ。言語化しにくいけれども何となくからだでわかっているような事柄《がら》は、私たちの生活には数多い。むしろそうした暗黙知や身体知(注2)が、氷山でいうと水面の下に巨《きょ》大にあり、その氷山の一（c）カクが明確に言語化されて表面に出ている、という方が(注3)リアリティに即しているだろう。本を読むことで、この暗黙知や身体知の世界が、はっきりと浮かび上がってくる。自分では言葉にして表現しにくかった事柄が、優《すぐ》れた著者の言葉によってはっきりと言語化される。こうした文章を読むと共感を覚え、線を引きたくなる。〈ウ〉

「②自分ひとりの経験ではなかったのだ」という思いが、自分の生を勇気づける。自分をつくっていくためには、現在の自己を否定して、より高次(注4)の自分へと進んでいくことももちろん必要だが、私の実感では、自分を肯定してくれる者に出会うことによって、すっきりと次に進むことができるように思う。体験すること自体が重要なのではなく、その体験の意味をしっかりと自分自身でつかまえ、その経験を次に生かしていくことが重要なのだ。体験の意味を深め、経験としていく。その積み重ねに、本は役立つ。優れた著者が自分と同じ経験や意見を述べてくれていると、安心して自分を肯定できる。自分に都合のいい著者ばかりを選んで読むというのは、狭《せま》い読書の仕方のように思われるかもしれないが、読書をして有効だ。（e）キケンなのは、それが一人に限定して狭くなってしまう場合などである。何人もの著者を自分の経験を確認させてくれる人として持つことができれば、狭い思いこみも徐々《じょじょ》に広げられていく。ある程度わかっているつもりのことでも、はっきりと文字にして表現されることで、確認をすることができる。認識を定着させていく上で、読書による経験の確認は、意外に大きな意味を持っている。

（齋藤孝『読書力』岩波新書
設問の都合上、本文を改訂した箇所があります。）

注1　腑に落ちる…納得がいく。
注2　身体知…実際に体を動かす事（感じる事）を通して身につけられた知恵。
注3　リアリティ…現実性。
注4　高次…次元の高いこと。程度や水準の高いこと。
注5　醍醐味…物事の本当のおもしろさ。深い味わい。
注6　アイデンティティ…自分らしさ。
注7　プロセス…過程。

第2問　次の文章を読み、あとの問いに答えなさい。

三十八歳になる調律師(注1)のるみ子さんは、依頼《い》されたピアノのチューニングを、①いつも一音、わずかだけ外しておきます。鍵盤《けんばん》中央の(注2)A音。客にはまったく聞き分けられないほどほんのわずか。仕事が終わると、まあ、まるで新品にでもなったみたい、客は晴れやかな笑みで、るみ子さんの手をとろうとする。そしてはっとします。手袋《ぶくろ》をはずしたるみ子さんの右手には、ひとさし指となか指がありません。るみ子さんは腰をかがめ、時計の針のようなお辞儀をすると、道具かばんを提《さ》げて玄関を出て行きます。

事故に遭《あ》う前から、るみ子さんの耳は(a)ヒョウバンだった。音楽大学の発表会で、ピアノ曲の演奏途中、突然曲をやめ、黙々と調律をはじめたことがあります。十年前に手指を失い、調律師の職に就きました。ピアノを置く家は、以前とくらべ少なくはなりましたが、仕事の注文が途絶えることはありませんでした。穏《おだ》やかそうな容貌《ようぼう》とたしかな耳、そして、「いつの間にかまた調整が必要となる」ピアノのチューニングのおかげだったといえます。

とある週末、紹介をうけて、街はずれの邸《てい》宅を(b)タズねました。まるで公園のようにえんえんと塀《へい》がつづき、〈　1　〉たどりついた玄関には、白髪の小柄な老人がひとり、黙りこくって立っていました。口を結んだまま廊《ろう》下を進み、じゅうたん敷きの居間に入ると、年季のはいったグランドピアノを指さします。るみ子さんはひとつうなずくと(注3)音叉《おんさ》を出し、調律をはじめました。老人は杖《つえ》を突き、居間を出たり入ったりしています。

〈　2　〉目がほとんど見えないようです。

三十分ほど経《た》ったでしょうか、るみ子さんは老人を振り向き、

た手紙を開いた途端、るみ子さんは大きく〔　X　〕ました。

十年前のお礼から、その手紙ははじまっていました。あの転覆《てんぷく》した電車のなかで、見ず知らずの〔　　　　〕。お怪我《けが》はだいじょうぶだったでしょうか。私のやけどはその後なんとか安定し、今年の春、調理師の免状をいただくことができました。ゆうべチョコレートケーキを焼きました。いま私ができるせめてものお礼です。スポンジのつなぎにちょっぴり工夫を凝《こ》らしてあります。これから新作ができるたびお届けしようと思います。〈　3　〉ご迷惑ならば二度とお送りはしません。ほんとうに、ほんとうにありがとうございました。

るみ子さんは手紙をとじ、ケーキを冷蔵庫にしまいました。元来、甘いものが好きではないのです。夜中になっても寝付けず、るみ子さんはステレオの前に座り、古いレコードをとりだしました。学生のころよく聞いたピアノソナタ。一枚が終わると、また別のレコードをかけました。ひさしぶりに聞くその音は、以前と同じく、きらきらと光を振りまくように聞こえました。それでいて、どの演奏のピアノも、すべて、それぞれがちがう輝きを放っているのでした。三枚目をかける前、るみ子さんは冷蔵庫をあけ、チョコレートケーキをつまみました。四枚目、五枚目とかけているうち、窓から朝日が覗《のぞ》きました。③皿のケーキは半分以上なくなっていました。

お昼過ぎ、道具箱をもって、例の邸宅をまたタズねます。目の見えない老人は少し驚いたようでしたが、何もいわず、るみ子さんを居間へと通しました。るみ子さんはピアノの前からかがみこみ、音を合わせはじめました。他のピアノにはない響き、それぞれの音が見せる表情を、一瞬でも聞き逃すまいと息をひそ

さい

・「自分を引きつけて読む」ことは、【　　　　　　　　　　　　　　　　】だから。

問8　次の会話は、ある学校の授業でこの文章を取り上げて、A・B・Cの三人で班を作り感想を話し合っているときのものです。これを読んで、あなたが最も共感できるものをA～Cの中から一つ選び記号で答え、その理由を簡潔に答えなさい。（記号と理由を完答すること。）

A「私は、本を読んで自己分析をすることで自分の成長につながると思いました。自分の思いや経験したことを読書を通じて再確認することで、自分を信じ、安心して色々なことに挑戦できるのではないでしょうか。」

B「ぼくは色々な著者の本を読むことが大事だと感じました。一人の著者の本ばかり読むと考えが狭くなってしまいます。いろいろな考えに触れることで、自分の世界が広がって、新しい考えや発想が生まれると思います。」

C「私は、筆者の考え方にはあまり賛成できませんでした。読書を通じて得られるものもあるとは思いますが、『百聞は一見にしかず』ということわざもあるように、実際に目で見て、体験することで学べることの方が多いと思います。」

問9　本文の説明として最もふさわしいものを次の**ア**～**エ**の中から一つ選び、記号で答えなさい。

ア　読書を不必要だと考えている人に対して、科学的根拠を述べながら読書をする必要性・重要性を説明している。

イ　読書を通して自分の体験の意味を確認することで、コミュニケーション能力の向上につながると分析している。

ウ　読書を通して自分の経験や生き方を肯定されることは、自分という人間を作り上げるのに有効だと論じている。

エ　読書は同じ作者であっても多くの本を読み、体験の意味を深めて経験として積み重ねるべきだと指摘している。

《第2問》 解答に字数の指示があるものは、すべて句読点などの記号もすべて字数に含みます。

問1 ――線部（a）「ヒョウバン」（b）「タズ」（c）「チン」（d）「ハイタツ」（e）「包装紙」のカタカナは漢字に、漢字はひらがなになおしなさい。

問2 本文中の〈 1 〉・〈 2 〉・〈 3 〉・〈 4 〉に入る語として最もふさわしいものをA群の**ア**～**ク**の中から、【 X 】に入る言葉として最もふさわしいものをB群の**ア**～**オ**の中からそれぞれ一つずつ選び、記号で答えなさい。ただし、**A群**中の同じものは繰り返し使わないものとします。また、【 ㋐ 】に入る、身体のある部分を表す語を本文中から漢字一字でぬき出しなさい。

A群　**ア** もし　**イ** まったく　**ウ** どうやら　**エ** なお

　　　オ むしろ　**カ** やっと　**キ** いずれ　**ク** やがて

B群　**ア** 息をつめ　**イ** 息をつき　**ウ** 息をつぎ　**エ** 息をぬき　**オ** 息をのみ

問3 ――線部「らしい」と同じ意味の言葉を次の**ア**～**エ**の中から一つ選び、記号で答えなさい。

・あの人のふるまいはいつもわざと**ア**らしい。　・明日からしばらく雨になる**イ**らしいね。

・もっとも**ウ**らしい言い訳なんか聞きたくない。　・中学生**エ**らしい態度ですごしましょう。

問4 本文中の【　】には次のⒶ～Ⓘの語句を並べ替えた一文が入ります（句読点は考えに入れないものとします）。これについて、あとの問いに答えなさい。

【Ⓐ私は　Ⓑ助けて　Ⓒ小学生だった　Ⓓろくに　Ⓔ言えませんでした　Ⓕいただいて　Ⓖお礼も　Ⓗあなたに　Ⓘまだ】

(1) これを意味が通るように並べ替えたとき、Ⓐがかかっていく語句をⒷ～Ⓘの中から一つ選び、記号で答えなさい。

(2) Ⓑ「助けて」の動作の主を本文中の言葉で答えなさい。

・ようこそお越し**ア**くださいました。
・私が代わりに書いて**イ**さしあげます。
・どうぞよろしくお願い**ウ**いたします。
・あなたさまには本当に感謝**エ**申し上げます。

問5 ――線部①「いつも一音、わずかだけ外しておきます」とありますが、「るみ子さん」がそのようにしていたのはなぜですか。三十五字以内で答えなさい。

問6 ――線部②「ぜんぜん音がちがっていますよ」とありますが、このとき、この「老人」の言葉は「るみ子さん」には正しく伝わっていません。正しく伝えるためにはどのように言うのが最もふさわしいですか。その言い方を二十字以内で答えなさい。

問7 ――線部③「皿のケーキは半分以上なくなっていました」とありますが、このときの「るみ子さん」の気持ちはどのようなものだったと考えられますか。次の条件に合うように、六十字以内で答えなさい。

〈条件〉
(1) 翌日の「るみ子さん」の行動もふまえること。
(2) 気持ちを表す具体的な言葉を必ず使うこと。
(3) 「…と思った。」という形で終わること。
(4) 文中の人物を書く場合は「　」をつけること。

問8 この文章についての説明として最もふさわしいものを次の**ア**～**エ**の中から一つ選び、記号で答えなさい。

ア 第三者的視点により全体の客観性を高めつつ、場面によってはその視点を変化させ主観性も生み出している。
イ 現実の厳しい体験の中で目まぐるしく変化する主人公の思いを、他者との対比と平易な文で描き出している。
ウ それぞれの場面をその背景となるできごとともに描くことにより、発言や行動の根拠を簡明に示している。
エ 登場人物の言動やできごとについての簡潔な説明により、場面ごとの各人物の心情を類推しやすくしている。

〈国語　終わり〉

《 **第1問** 》 **解答に字数の指示があるものは、すべて句読点などの記号も字数に含みます。**

問1 ――線部（a）「矛盾」（b）「イ」（c）「カク」（d）「コウフク」（e）「キケン」のカタカナは漢字に、漢字はひらがなになおしなさい。

問2 本文中の〈　1　〉・〈　2　〉に入る語として最もふさわしいものを次の**ア**～**キ**の中からそれぞれ一つずつ選び、記号で答えなさい。ただし、同じものは繰り返し使わないものとします。

ア しかし　**イ** また　**ウ** むしろ　**エ** そのため　**オ** たとえば　**カ** せめて　**キ** そして

問3 本文中の〈**ア**〉～〈**エ**〉のいずれかの位置に次の一文が入ります。どこに入れるのが最もふさわしいですか。記号で答えなさい。

【読書がきっかけとなって体験する世界は広がってくる。】

問4 ――線部①「読書をするよりも体験することが大事だという論」とありますが、

(1) これに対する筆者の考えを四十字以内でまとめなさい。

(2) (1)でまとめた筆者の考えについて、あなたはどのように考えますか。解答欄に従って賛成・反対の立場を明らかにし、その理由を明示して、八十字以内で答えなさい。〈解答欄の「賛成・反対」のどちらかを〇で囲むこと。〉

問5 ――線部②「『自分ひとりの経験ではなかったのだ』という思いが、自分の生を勇気づける」とありますが、それはなぜですか。四十字以内で答えなさい。

問6 ――線部③「これが、読書の醍醐味だ」とありますが、「読書の醍醐味だ」と述べられているものを一語で言い表す場合、どの言葉が最もふさわしいですか。本文中からぬき出しなさい。

とこたえました。
「②ぜんぜん音がちがっていますよ」
るみ子さんは頬《ほお》を打たれたような表情になり、今度は慎重に、きわめて念入りに音を合わせました。鍵盤中央のA音もです。
「これでいかがでしょうか」
「お話になりませんな」
老人は細い肩をすくめていいました。
「腕のいい方と伺っていましたが、どうやらなにか［　㋐　］違いがあったらしい。ピアノはそのままにして、どうぞお帰りください。時間分の手間（c）チンはお支払いしますから」
「でも」
るみ子さんは真っ赤になって、
「音は全部合っていますよ」
「そういう問題じゃない」
老人は首を振って、
「これじゃあピアノがかわいそうです。あなたは本当のところ、ピアノのことが、あまりお好きではないようですね」
憤然《ふんぜん》として、るみ子さんは帰ります。それから何日も雨がつづきました。仕事に出てもピアノの音が、なんだかくぐもって聞こえます。首根っこが重く、食欲もない。るみ子さんは三件つづけて注文を断りました。屋根をほつほつと叩《たた》く雨音が家じゅうに響きます。
薄曇りの夕方、洗濯《たく》物を取り込んでいるときドアベルが鳴りました。郵便（d）ハイタツが、請《せい》求書の束と小包をひとつ、るみ子さんに手渡します。小包の差出人には見覚えがない。（e）包装紙を破るとなにやら香ばしい匂《にお》いが漂《ただよ》ってきます。添えられ

老人は朗らかな声で、
「ああ、うちの音だ、やっとうちのピアノの音になった！」
視力のない目に深い笑みを浮かべて、
「あなたはまったくすばらしい腕ですね。もしよろしければ、なにか一曲、聞かせていただくわけにはまいりませんか？」
るみ子さんは軽くうなずきました。そして指の足りない両手で、子ども時分に習った短い練習曲を、軽やかに奏《かな》ではじめました。

（いしいしんじ「調律師のるみ子さん」『雪屋のロッスさん』所収
新潮文庫刊　設問の都合上、本文を改訂した箇所があります。）

注1　調律師…楽器の音を調べ、調子を整えることを仕事とする人。
注2　A音…「ラ」の音。
注3　音叉…たたくと一定の振動数の音を発生する道具で、調律する際に使用する。

第1問　次の文章を読み、あとの問いに答えなさい。

大学の教授であるこの文章の筆者は、「本は読まなければいけないもの」と考えている。しかし、大学の授業で読書の重要性について伝えても、読書は自由なものであり強制されるものではないというような意見を述べる学生や、読書は不必要だと考える学生がいた。本文は、そのような意見や考え方に対しての筆者の主張が述べられている部分である。

読書を必要ないとする意見の根拠《きょ》として、①読書をするよりも体験することが大事だという論がある。これは、根拠のない論だ。体験することは、読書することとまったく(a)矛盾しない。本を読む習慣を持っている人間が多くの体験をすることは、まったく難しくはない。むしろいろいろな体験をする動機づけを読書から得ることがある。

〈　1　〉、藤原新也《しんや》のアジア放浪《ろう》の本(『印度《いんど》放浪』朝日新聞社、など)を読んで、アジアを旅したくなる若者がいる。本に誘《さそ》われて旅をするというのはよくあることだ。あるいは考古学の本を読み、実際に(b)イ跡《せき》掘《ほ》りの手伝いに行く者もある。〈ア〉

それ以上に重要なことは、読書を通じて、自分の体験の意味が確認されるということだ。本を読んでいて「自分と同じ考えの人がここにもいた」という気持ちを味わうことは多い。まったく生まれも育ちも違《ちが》うのに、同じ考えを持っている人に出会うと、自分の考えが肯《こう》定される気がする。自分ではぼんやりとしかわからなかった自分の体験の意味が、読書によ

始めた頃はとくに、共感を持って読める本の方が加速する。

読んでいると「そうそう、自分も実はそう考えていた」と思うことがよくあるが、多くの場合、そこまで明確に考えていたわけではない。言われてみると、それまで自分も同じことを考えていたと感じるということだ。〈　2　〉、この錯《さっ》覚は問題ない。あたかも自分が書いた文章のように他の人の書いたものを読むことができるというのは、(d)コウフクなことだ。〈エ〉

なぜこの著者はこんなにも自分と同じような感覚を持っているのだろうか、あるいは、まさにこれは自分が書いたもののようだと感じることとさえ、私の場合あった。

自分の経験と著者の経験、自分の脳と著者の脳とが混じり合ってしまう感覚。③これが、読書の（注5）醍醐《だいご》味だ。これは自分を見失うということではない。一度自分と他者との間に本質的な事柄を共有するというのが、（注6）アイデンティティ形成の重要なポイントだ。自分ひとりに閉じて内部で循環《じゅんかん》するだけでは、アイデンティティは形成されない。他者と本質的な部分を共有しつつ、自己の一貫《かん》性をもつ。これがアイデンティティ形成のコツだ。

読書は、自分の経験を確認しやすい行為《い》だ。すでに言葉として紙の上に定着している言葉は、生まれては消えていく体験に形を与える。④「自分に引きつけて読む」という読み方

令和４年度

津田学園中学校･高等学校(六年制)入学試験問題

一般入試

算　　　数

（１００点　４５分）

注意事項

1．開始の合図があるまでは，この問題冊子を開いてはいけません。
2．答えはすべて解答用紙に記入してください。
3．**解答用紙**には必ず**受験番号**を書いてください。
4．終わりの合図ですぐに筆記用具をおき，係の先生の指示にしたがってください。
5．問題の内容についての質問には応じません。印刷のはっきりしないところがある場合には，だまって手をあげ，係の先生に聞いてください。
6．問題文中の Ｌ はリットルを表します。

第１問　次の□に当てはまる数を答えなさい。

(1)　$3+27\div 15\times 5=\square$

(2)　$\dfrac{15}{8}\times 0.39\div\dfrac{13}{50}=\square$

(3)　$[\{4\times(2+6)-2\}\div(4+2)]\times 0.2=\square$

(4)　$\dfrac{1}{3\times 5}+\dfrac{1}{5\times 7}+\dfrac{1}{7\times 9}=\square$

第２問　下の図は正六角形と直角三角形を重ねたものです。このとき，次の x と y の角の大きさを求めなさい。

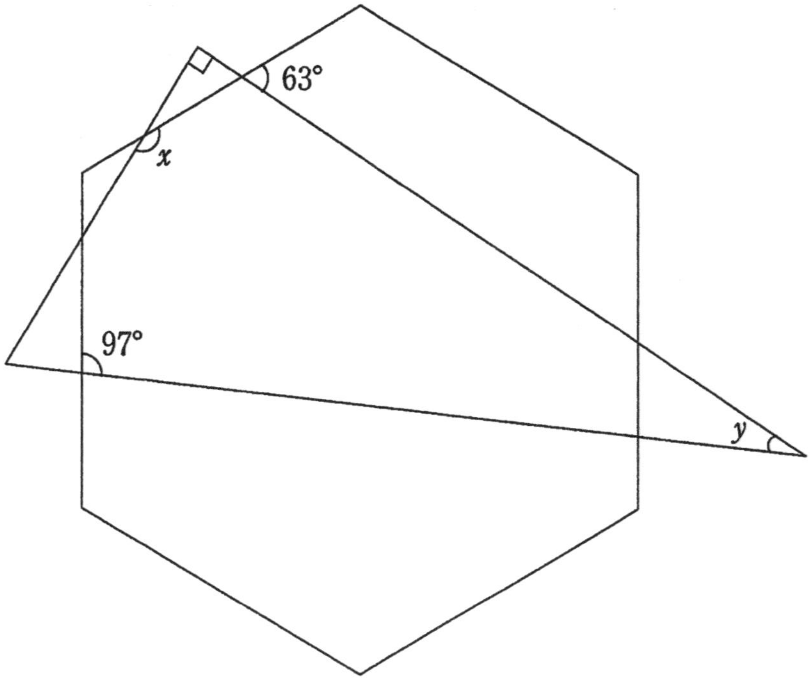

第３問　ある中学校でボランティア活動に参加したことがある生徒の割合は，１年生では学年全体の 25 %，２年生では 学年全体の 30 %，３年生では学年全体の 40 % で，学校全体では生徒全体の 32 % でした。また，この中学校の生徒数は，３年生は2年生より 15 人多く，１年生は 240 人です。このとき， 次の問いに答えなさい。

(1)　ボランティア活動に参加した1年生は何人か，求めなさい。

(2)　この中学校の２年生の生徒数を求めなさい。

(3)　この中学校の３年生の生徒数を求めなさい。

第４問　ある列車が，長さ 1080 m の橋を一定の速さで渡り始めてから渡り終わるまでに 50 秒かかりました。また，この列車が同じ速さで長さ 2400 m のトンネルに完全に入ってから，先頭がトンネルを出始めるまでに，95 秒かかりました。このとき，次の問いに答えなさい。

(1)　列車の速さは秒速何mですか，求めなさい。

(2)　列車の速さは時速何kmですか，求めなさい。

(3)　列車の長さは何mですか，求めなさい。

(4)　この列車が1500 m のトンネルを通るとき，列車全体がトンネルに隠れていたのは何秒間ですか，求めなさい。

第５問　下の［図１］，［図２］の図形を直線 l を軸として１回転させます。このとき，次の問いに答えなさい。ただし，円周率は3.14とします。

［図１］

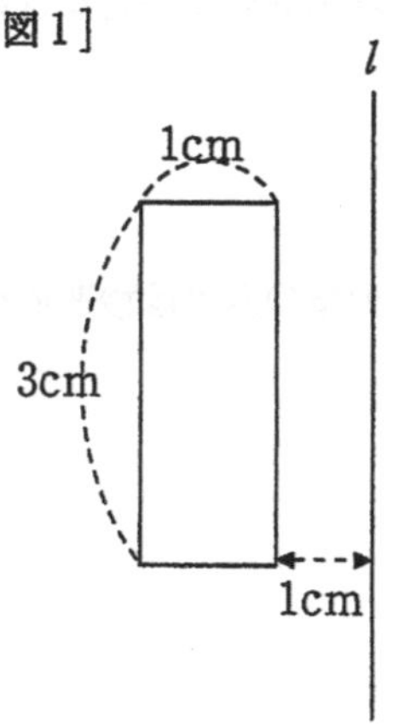

(1)　［図１］の長方形を１回転させてできる立体の体積を求めなさい。

(2)　［図１］の長方形を１回転させてできる立体の表面積を求めなさい。

［図２］

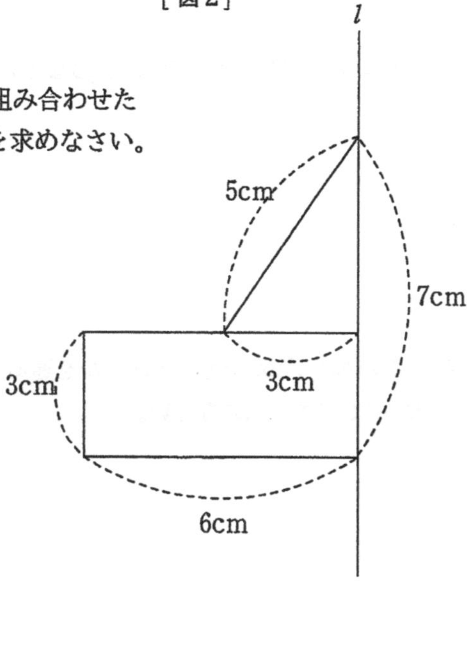

(3)　［図２］のような直角三角形と長方形を組み合わせた図形を１回転させてできる立体の表面積を求めなさい。

第6問　三角形ABCがあり，BD：DCは3：4，Pは辺AD上にあるものとします。
このとき，次の性質を用いてあとの問いに答えなさい。

性質1：底辺の長さが同じ三角形の面積の比は高さの比と等しくなる。

性質2：「$x:y=a:b$」「$y:z=b:c$」であるとき，「$x:z=a:c$」となる。

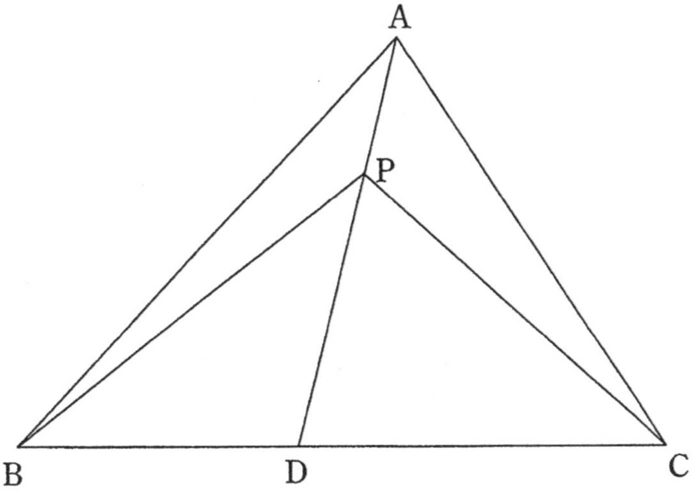

(1)　「性質1」を利用して三角形ABPと三角形ACPの面積の比を求めなさい。
また，このときそれぞれの三角形で「底辺」として考えた辺を答えなさい。

(2)　三角形ABPと三角形PDCの面積の比が3：10であるとき，「性質2」と(1)を利用してAP：PDを求めなさい。

(3)　三角形ABPの面積が5cm^{2}のとき，三角形PBCの面積を求めなさい。

第７問　次のように，数が３つずつ書かれたカードが並んでいます。このとき，あとの問いに答えなさい。

１枚目	２枚目	３枚目	……
1，2，3	4，5，6	7，8，9	……

(1)　100 は左から何枚目のカードに書かれているか，求めなさい。

(2)　左から 55 枚目のカードに書かれている３つの数の和を求めなさい。

(3)　書かれた３つの数の和が 690 になるカードの左端の数を求めなさい。

＜算数　終わり＞

令和４年度

津田学園中学校·高等学校(六年制)入学試験問題

一般入試

理　　　科

（１００点　４５分）

注意事項

１．開始の合図があるまでは，この問題冊子を開いてはいけません。

２．答えはすべて解答用紙に記入してください。

３．**解答用紙には必ず受験番号を**書いてください。

４．終わりの合図ですぐに筆記用具をおき，係の先生の指示にしたがってください。

５．問題の内容についての質問には応じません。印刷のはっきりしないところがある場合には，だまって手をあげ，係の先生に聞いてください。

６．問題文中の Ｌ はリットルを表します。

第１問　下の文章をよみ，あとの問いに答えなさい。

セキツイ動物は体の中心に背骨がある動物のことであり，我々ヒトを含む（　㋐　）をはじめとし，魚類，（　㋑　），（　㋒　），鳥類が含まれます。

系統樹《けいとうじゅ》とは，生物が進化する過程を示した図のことです。図１はセキツイ動物の系統樹を示したものであり，ここではセキツイ動物の進化の過程とその生活環境への適応を考えていくものとします。

もともとセキツイ動物は１つの生物種から進化をはじめました。Aの時点では魚類とそれ以外のグループに分かれたと考えられています。その後，Bでは（　㋑　）とそれ以外のグループ，Cでは（　㋒　）と鳥類に進化を繰《く》り広げました。

適応とは生物の形や機能などが，その生活環境にあった姿に変化することとします。例えば魚類や両生類の子（オタマジャクシなど）は（　㋓　）で呼吸します。それに対し，両生類の親や，は虫類，鳥類，（　㋐　）はァ<u>肺</u>で呼吸します。これは前者が（　㋔　），後者が（　㋕　）に適応していることを示しており，セキツイ動物は（　㋔　）から（　㋕　）に適応をしていった歴史がみられることがわかります。また図２のセキツイ動物の骨格とからだの形に着目して考えてみると更に細かな適応の仕組みが見えてきます。例えば，ィ<u>（　㋖　）に適応した翼を持つ（　a　）や（　b　）</u>，（　㋔　）の生活に適応したひれをもつ（　c　）など，それぞれの生活環境にあったゥ<u>骨</u>を持っています。

図１

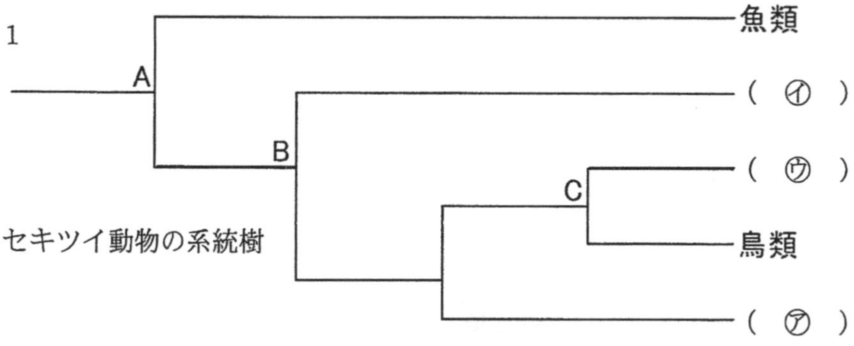

図２

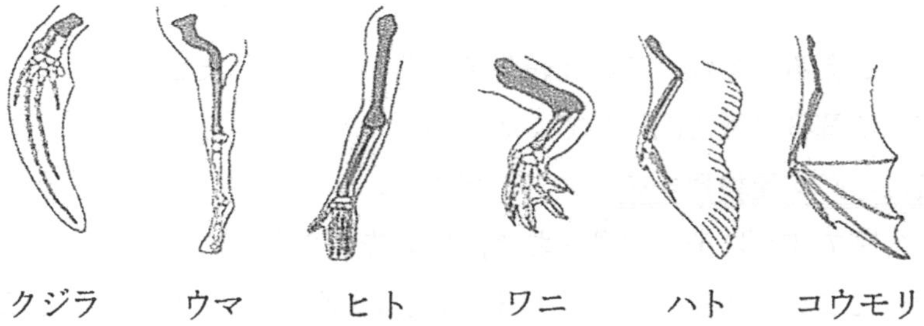

(1)　（　㋐　）～（　㋖　）に当てはまる語句を語群から選び書きなさい。

また（　a　）～（　c　）に当てはまる生物名を図２から選び，書きなさい。

〔語群〕魚類　　鳥類　　は虫類　　両生類　　ほ乳類

水中　　陸上　　空中　　えら　　肺

(2)　下線部**ア**について，以下の問いに答えなさい。

①　肺にある小さな袋のことを何というか答えなさい。

②　①が効率的に気体を交かんすることができる理由を答えなさい。

③　①の周りにとりまく，非常に細い血管のことを何というか答えなさい。

④　③の中の血液に含まれる酸素を運ぶ血球の種類を答えなさい。

(3)　下線部**イ**について，翼を持つ（　a　）や（　b　）はワニやウマに比べて肩の骨が細い。

①　（　a　）や（　b　）が肩の骨が細い理由を答えなさい。鳥類の骨は中が空洞《くうどう》になっていることと合わせて考えなさい。

②　ワニやウマが肩の骨が太い理由を答えなさい。

(4)　下線部**ウ**について，骨と筋肉はけんと呼ばれるところを介してつながっています。下図はヒトの腕の模式図を描いたものです。

ヒトの腕の模式図

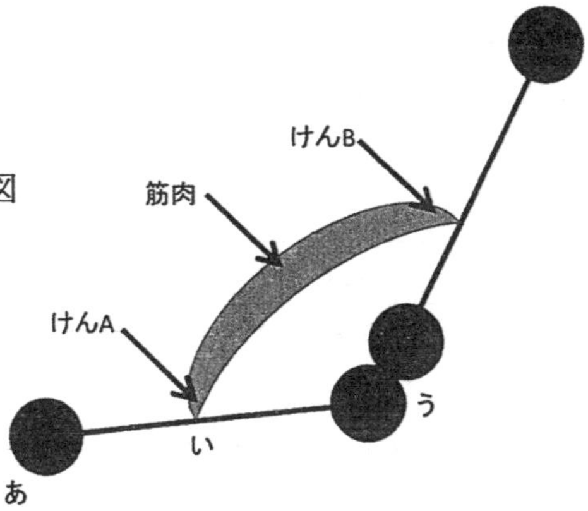

①　図の筋肉が縮むとどのように動くと考えられるか。解答欄《かいとうらん》の矢印のうち正しいほうに○をつけなさい。またその動作における支点と作用点と力点を**あ**～**う**の中から選び記号で答えなさい。

②　筋肉は縮むことができても伸ばすことはできません。伸ばすための筋肉を書き加えるとするとどのような図になりますか。次の**ア**～**エ**から１つ選び，記号で答えなさい。

ア　　　　**イ**　　　　**ウ**　　　　**エ**

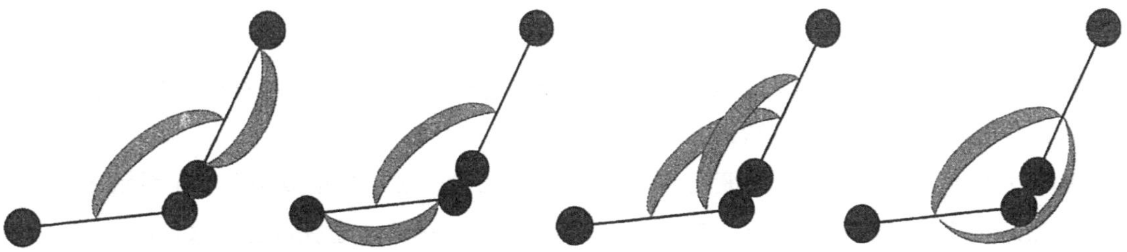

③　けん A は左下の骨の真ん中につながっているとする。2 kgのおもりを持ち上げるとき，筋肉はどのくらいの力をこの骨に加えないといけないか答えなさい。ただし左下以外の骨や筋肉はその場に固定されているものとする。

第2問　次の文章をよみ，あとの問いに答えなさい。

水溶液《すいようえき》は，（　1　）性・中性・（　2　）性の水溶液3つに分類することができます。（　1　）性の水溶液は，青色リトマス紙を，赤色に変えます。主な（　1　）性の水溶液の例として（　3　）があります。（　2　）性の水溶液は赤色リトマス紙の色を，青色に変えます。主な（　2　）性の水溶液の例として（　4　）があります。

（　1　）性の水溶液と（　2　）性の水溶液を混ぜたときに互いの性質を打ち消す反応を（　5　）といいます。

塩酸に水酸化ナトリウム水溶液を加えて，（　5　）させると，熱が発生します。その熱の量は，（　5　）に使われた塩酸の体積に比例します。同じ温度で，ある一定のこさの塩酸と水酸化ナトリウム水溶液を用いて，実験を行いました。ただし，発生した熱はすべて水溶液の温度を上げることだけに使われ，どの水溶液でも，水溶液 1 cm^3 の温度を 1 ℃上げるのに必要な熱の量は同じであるとします。

[実験] 水酸化ナトリウム水溶液 60 cm^3 に塩酸をそれぞれ 20 cm^3 ずつ足していき、温度の変化を調べました。

塩酸を加えた回数（回目）	1	2	3	4	5	6
上がった水溶液の温度(℃)	1.4	1.4	1.4	0	0	0

(1)　リトマス紙の使い方として正しいものを次の**ア**～**エ**の中から1つ選び，記号で答えなさい。

ア　手を石けんで洗ってよくふいたあと，指先でリトマス紙をつまみ，ガラス棒を使って水溶液をつける。

イ　手を石けんで洗ってよくふいたあと，指先でリトマス紙をつまみ，直接水溶液につける。

ウ　ピンセットでリトマス紙をつまみ，ガラス棒を使って水溶液をつける。

エ　ピンセットでリトマス紙をつまみ，直接水溶液につける。

(2)　（　1　）～（　5　）に当てはまる語句を語群から選び答えなさい。

〔語群〕　酸　　中　　アルカリ　　炭酸　　アンモニア水　　中和

(3)　[実験]の結果を解答用紙のグラフに記入しなさい。

(4)　[実験]の中で、塩酸を加えても途中《とちゅう》で温度の上しょうが見られなくなりました。温度が上しょうしなくなった理由を答えなさい。

(5)　塩酸と水酸化ナトリウム水溶液を 60 cm^3 ずつ混ぜ合わせた水溶液から水を蒸発させると，7.5 g の固体が残りました。これをふまえて解答用紙の表を完成させなさい。

加えた塩酸の体積（cm^3）	20	40	60	80	100	120
水溶液から水を蒸発させて残る個体の重さ(g)	2.5	㋐	7.5	7.5	㋑	㋒

第3問　次の文章をよみ，あとの問いに答えなさい。

地形を観察していくとさまざまな地層や岩石があることがわかります。川の流れにのって運ぱんされた小石や砂，ねん土などは河口から海へ流れこみ，海底にたい積します。すると，下の方の土砂は，水分が押し出されて固められた岩石（たい積岩）になり，地層ができます。たい積岩には，粒の大きさによる分類とたい積物の成分による分類があります。サンゴや貝などを押し固められてできた石灰岩もたい積岩の一種です。

そのほかに，生物の死がいや生活のあとが，地層や岩石の中に残されたものを化石といいます。

(1)　石灰岩の主な成分は何ですか。名称を答えなさい。

(2)　石灰岩でできた山が雨水でとかされてできた洞くつのことを何といいますか。

(3)　石灰岩の主な成分である(1)にうすい塩酸を加えると気体Aと塩化カルシウムと水ができた。この時発生した気体Aは何ですか。名称を答えなさい。

(4)　(3)で発生した気体を石灰水にふきこむと白くにごりました。さらにふきこみ続けるとどうなりますか。

(5)　次の**(ア)**～**(オ)**のうち，示準化石として適切なものを2つ選び記号で答えなさい。

(ア)　サンゴ　　**(イ)**　アンモナイト　　**(ウ)**　ホタテガイ　　**(エ)**　マンモス

(オ)　シジミ

第４問　下の図の回路について，あとの問いに答えなさい。

あ

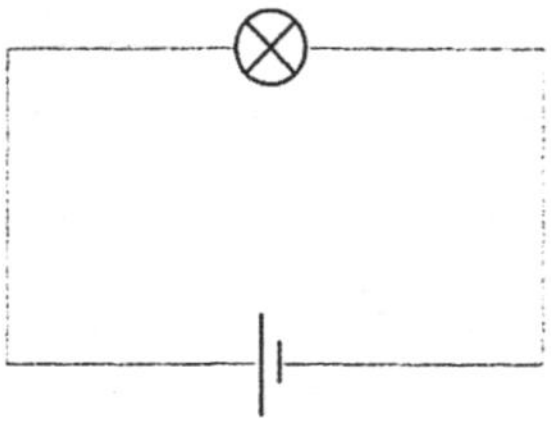

い

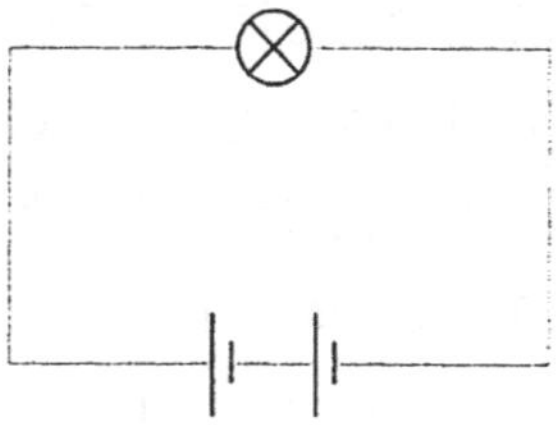

う

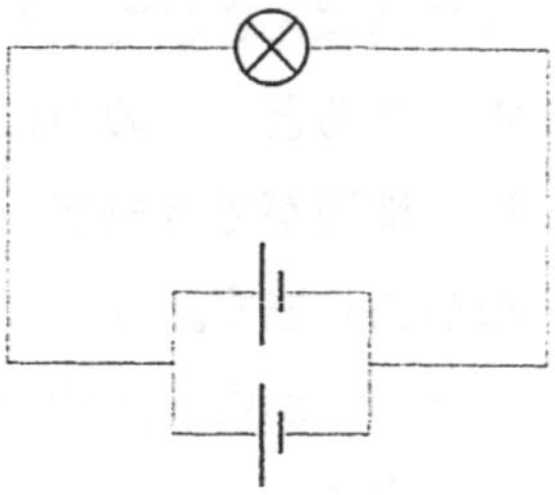

え

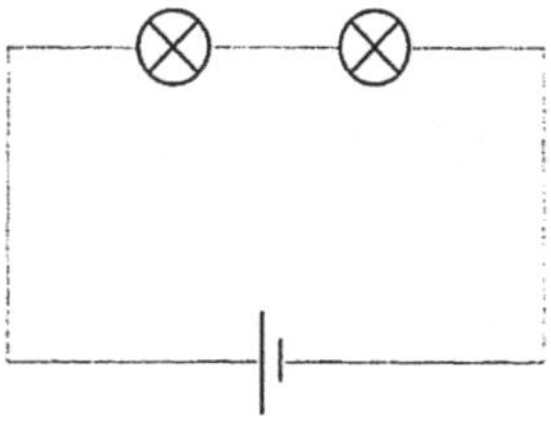

お

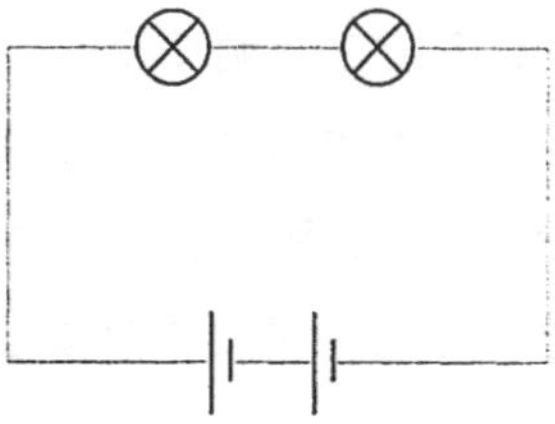

か

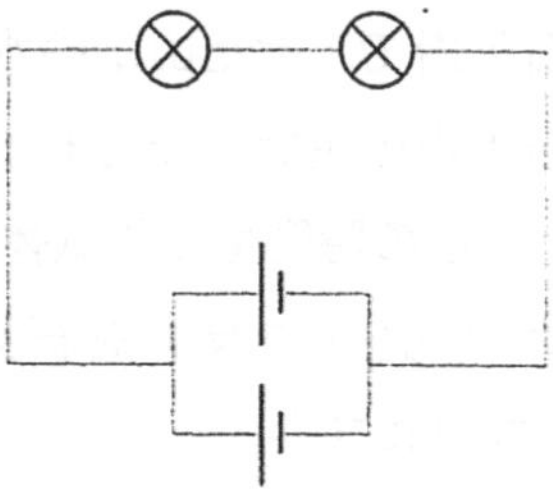

き

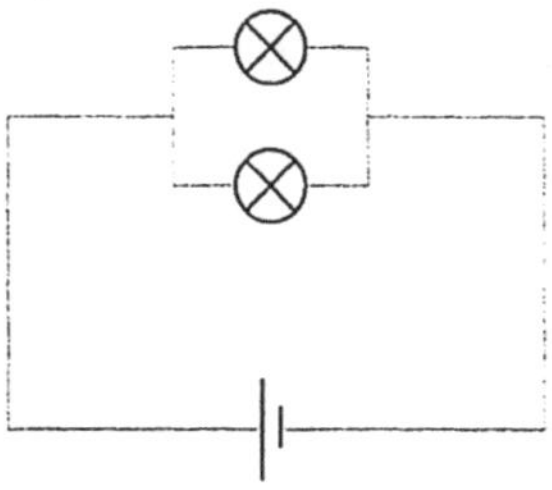

く

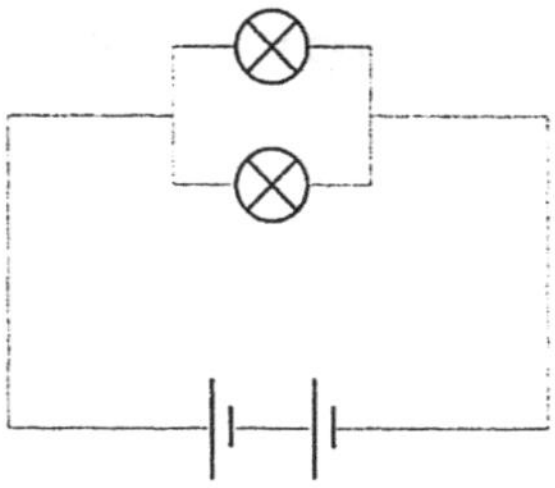

け

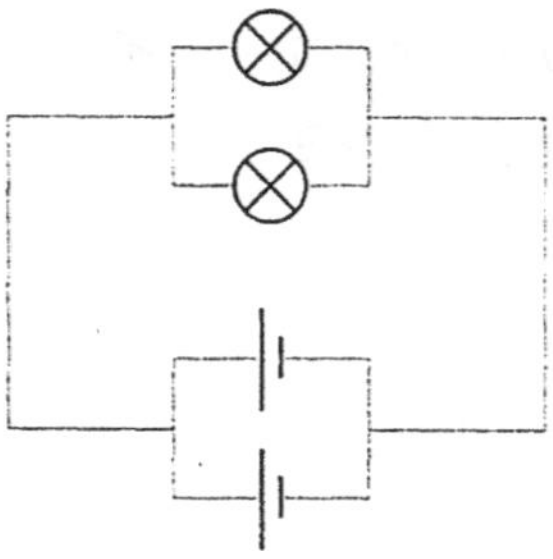

(1)　上図の回路を試してみると回路によって豆電球の明るさが異なることが分かった。

①　回路あと同じ明るさの豆電球がある回路をすべて選びなさい。

②　回路いと同じ明るさの豆電球がある回路をすべて選びなさい。

③　回路えと同じ明るさの豆電球がある回路をすべて選びなさい。

(2)　上図の回路を試してみると回路によって乾電池がなくなる早さが異なることが分かった。

①　回路あと乾電池がなくなる早さが同じである回路をすべて選びなさい。

②　回路うと乾電池がなくなる早さが同じである回路をすべて選びなさい。

(3)　次の文章は電気により光が生まれるしくみについて詳しく考えた文章である。（　A　）～（　I　）に当てはまる語句を語群から選び書きなさい。また（　a　）～（　c　）に当てはまる言葉を書きなさい。

物理学において，エネルギーは，温度を上げたり物を動かすなどのできる能力のことを指します。エネルギーは大きく分けると，地球上に６つにわけることができ，熱エネルギーや光エネルギー，音エネルギー，化学エネルギー，電気エネルギー，力学的エネルギーがあります。この中で（　A　）とは，高温の物体が低温の物体の温度を上げる能力のことを指します。（　B　）は，光がもつエネルギーを指します。（　C　）は化学物質が持つエネルギーのことを指します。

エネルギーは常に１つの形態から他の形態へ変化することが知られており，例えば豆電球は電気が流れるとこれを利用し，（　D　）が（　E　）に変換されることで光を放射します。ほかにも２つのエネルギーの変化について例を挙げながら考えてみましょう。植物が光を利用して（　a　）を作るはたらきのことを（　b　）といいます。（　b　）は光によって化学物質である（　a　）を作るので，（　F　）を（　G　）に変換していると考えられます。我々動物や植物は，この（　G　）をたくわえた（　a　）を食したり利用したりすることで生活しています。

最後にろうそくの燃焼について考えてみよう。ろうには（　c　）と水素が含まれており，それらが燃料となり，酸素と結びつくことによってろうそくは燃えます。燃料は化学物質であるので，燃料に含まれる（　H　）は燃焼によって（　I　）へと変換され，料理や暖房に利用される。我々が利用しているガスコンロやライターもこの原理を利用して炎をいつでも出せるように工夫されています。

〔語群〕	熱エネルギー	光エネルギー	音エネルギー
	化学エネルギー	電気エネルギー	力学的エネルギー

〈理科　終わり〉

令和４年度

津田学園中学校·高等学校(六年制)入学試験問題

一般入試

社　　　会

（１００点　４５分）

注意事項

１．開始の合図があるまでは，この問題冊子を開いてはいけません。
２．答えはすべて解答用紙に記入してください。
３．**解答用紙には必ず受験番号**を書いてください。
４．終わりの合図ですぐに筆記用具をおき，係の先生の指示にしたがってください。
５．問題の内容についての質問には応じません。印刷のはっきりしないところがある
　　場合には，だまって手をあげ，係の先生に聞いてください。

第１問　次の図Ａ～Ｊは，ある都道府県を示し，あとの［　　］内のＡ～Ｊの各文は，図Ａ～Ｊに対応しています。図Ａ～Ｅは都道府県の主な部分の形を，図Ｆ～Ｊは都道府県章を示しています。図Ａ～Ｅの方位は同じですが，縮尺は同じではありません。また，● の印は都道府県庁所在地の位置を示しています。これについて，あとの問いに答えなさい。

Ａ

Ｂ

Ｃ

Ｄ

Ｅ

Ｆ

Ｇ

Ｈ

Ｉ

Ｊ

Ａ　戦国時代に種子島に（　①　）が伝来して以降，戦いの方法は大きく変化した。

Ｂ　盆地部では水はけが良く果物の栽培が盛んで，中でも（　②　）・ももは全国一の生産量を誇っている。

Ｃ　（　③　）山地の霊場と参詣道は世界遺産に登録されている。また，吉野は(a)木材の産地として知られている。

Ｄ　隣の県にまたがる（　④　）山地は，ぶなの原生林として(b)世界自然遺産に登録されている。

Ｅ　夏目漱石の小説『坊っちゃん』の舞台となった都市にある（　⑤　）温泉は日本最古の温泉といわれている。

Ｆ　信濃川の流域から日本海沿岸にかけて広がる（　⑥　）平野はわが国で有数の(c)米作りが盛んな地帯である。

Ｇ　内陸県であり，県庁所在地の都市はひらがなで表される。県西部の山地以外は平地が多く，日本最大の（　⑦　）平野の一部を成している。

Ｈ　江戸時代末期までは蝦夷地とよばれていた。明治時代に入り屯田兵による開拓が進められたが，これは先住民の（　⑧　）の人々を圧迫することにもなった。

Ｉ　おだやかな気候を利用して，ももやマスカットなどの果物の栽培が盛んである。また，（　⑨　）焼は代表的な伝統工芸品である。

Ｊ　1950年代から60年代にかけて，(d)四大公害の１つであり有機水銀を原因とする（　⑩　）が起こった。

問1　A～Jの文中の（ ① ）～（ ⑩ ）にあてはまる語句をそれぞれ答えなさい。

問2　下線部(a)にあてはまるものを次の**ア**～**エ**の中から1つ選び，記号で答えなさい。

ア　ひのき　　**イ**　ひば　　**ウ**　すぎ　　**エ**　ぶな

問3　下線部(b)に**あてはまらないもの**を次の**ア**～**エ**の中から1つ選び，記号で答えなさい。

ア　奄美諸島　　**イ**　佐渡島　　**ウ**　屋久島　　**エ**　小笠原諸島

問4　下線部(c)について，米の生産量が最も多いものを次の**ア**～**エ**の中から1つ選び，記号で答えなさい。

ア　濃尾平野　　**イ**　佐賀平野　　**ウ**　高知平野　　**エ**　石狩平野

問5　下線部(c)に関連して，1970年代から減反政策が実施された背景にはどのようなことがあったかを述べなさい。

問6　下線部(d)が発生した県に**あてはまらないもの**を次の**ア**～**エ**の中から1つ選び，記号で答えなさい。

ア　三重県　　**イ**　新潟県　　**ウ**　静岡県　　**エ**　富山県

問7　A～Jの中で，面積が最も大きいものと最も小さいものの組み合わせを次の**ア**～**カ**の中から1つ選び，記号で答えなさい。

ア　大：F　小：A　　**イ**　大：F　小：C　　**ウ**　大：F　小：I

エ　大：H　小：E　　**オ**　大：H　小：C　　**カ**　大：H　小：J

問8　A～Jの中にある工業地帯・工業地域を次の**ア**～**カ**の中から2つ選び，記号で答えなさい。

ア　中京工業地帯　　**イ**　京葉工業地域　　**ウ**　瀬戸内工業地域

エ　京浜工業地帯　　**オ**　阪神工業地帯　　**カ**　関東内陸工業地域

問９　次の各問いについて，それぞれＡ～Ｊの記号で答えなさい。

(1)　農業産出額が最も高いものを１つ選びなさい。

(2)　都道府県庁所在地がある都市の緯度が２番目に高いものを１つ選びなさい。

(3)　海をへだてずに接している都府県の数が最も多いものを１つ選びなさい。

問10　次の雨温図は，Ａ～Ｊのいずれかの都道府県庁所在地のものです。これについて，あとの各問いに答えなさい。

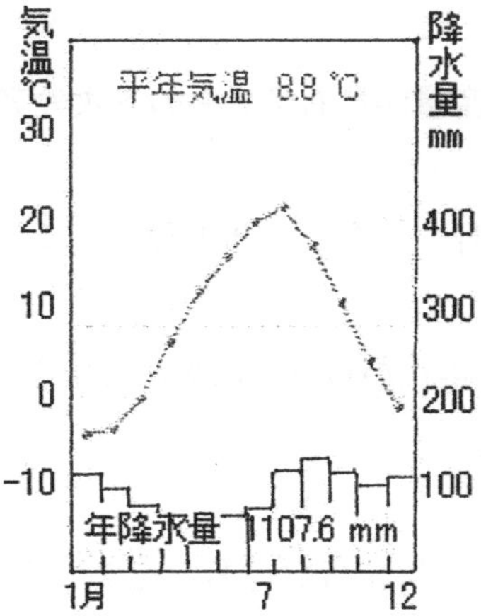

(1)　この雨温図が示す気候区分を次の**ア**～**カ**の中から１つ選び，記号で答えなさい。

ア　内陸の気候　　**イ**　南西諸島の気候　　**ウ**　太平洋側の気候

エ　瀬戸内の気候　　**オ**　日本海側の気候　　**カ**　北海道の気候

(2)　この雨温図は，どの都市のものですか。都市名を答えなさい。

(3)　この雨温図が示す気候と最もよく似た気候の都市を次の**ア**～**エ**の中から１つ選び，記号で答えなさい。

ア　福井　　**イ**　甲府　　**ウ**　旭川　　**エ**　岡山

問11　Ａ～Ｊの都道府県から１つ選び，旅行のプランを立てなさい。例文を参考にして都道府県名を明記した上で，「世界遺産・国宝」「特産物」「観光名所」「郷土料理」の中から２つの要素を用いて答えなさい。ただし，Ａ～Ｊの文に出てきたものは使わないこととする。

(例)　岐阜県を訪れ，世界遺産の白川郷を見学し，おみやげとして美濃和紙のちょうちんを買って帰る。

第２問　次のＡ～Ｆの各文は，それぞれある歴史上の人物について述べたものです。これを読んで，あとの問いに答えなさい。ただし，それぞれの人物が登場した順には並んでいません。

Ａ　私は(a)薩摩の出身で幕府を倒すために力を尽くしました。新しい政府の中で，朝鮮を武力で開国させるという意見を述べましたが反対されて薩摩に帰りました。その後，私は政府に対して不平を持つ士族たちにおしたてられ，(b)反乱を起こすこととなりました。 Ｂ　私は幕府の将軍でした。私の跡継ぎ争いや守護大名の対立などから(c)都を舞台とした10年にわたる大規模な戦乱が起きました。この戦乱の後，幕府の支配力は大きく低下しました。 Ｃ　私は空海とともに中国にわたり，仏教について学びました。帰国してからは，(d)比叡山に延暦寺を開きました。 Ｄ　私はおばにあたる推古天皇や蘇我氏とともに政治を行いました。(e)冠位十二階の制を定め，また，「和」を大切にするように，役人の心がまえを示しました。 Ｅ　私は2021年の大河ドラマの主人公で，2024年からの新しい１万円札の顔となります。実業家として(f)500以上の会社の設立に関わりました。 Ｆ　私は堺の商人でしたが，織田信長や豊臣秀吉に仕え，茶の湯を大成しました。しかし，豊臣秀吉と対立して切腹に追い込まれました。茶の湯は大いに流行し，茶道具や茶室を飾る生け花，庭園づくりなどもさかんになりました。

問１　下線部(a)は現在のどのあたりですか。都道府県名で答えなさい。

問２　下線部(b)の反乱を何というか答えなさい。

問３　下線部(c)の戦乱を何というか答えなさい。

問４　下線部(c)のころからさかんに見られるようになった下剋上とはどのようなことか述べなさい。

問 5　Bの人物が建立したとされる建造物を次の**ア**～**エ**の中から 1 つ選び，記号で答えなさい。

ア

イ

ウ

エ

問 6　下線部(d)の位置を下の地図の**ア**～**エ**の中から 1 つ選び，記号で答えなさい。

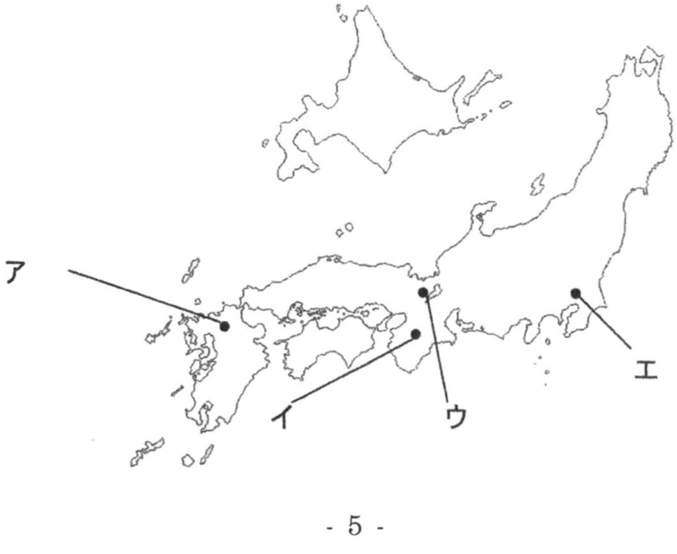

国語

受験番号

得点

※100点満点
（配点非公表）

第1問

問1

a

b

c

d

e

問2

1

2

問3

問4

(1)

(2)

私はこの意見に 賛成 反対 です。なぜなら、

問5

第 5 問

(1)	cm^3	(2)	cm^2
(3)	式や説明 答え　　　　cm^2		

第 6 問

(1)	比	:	底辺	
(2)	:	(3)	cm^2	

第 7 問

(1)	枚目	(2)	
(3)	式や説明 答え		

第２問

(1)			
(2)	1	2	3
	4	5	

(3)

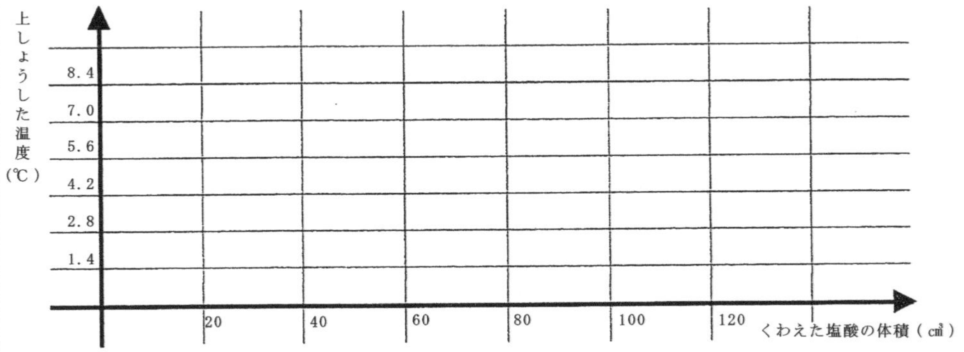

(4)			
(5)	㋐	㋑	㋒

第３問

(1)		(2)		(3)	
(4)					
(5)					

第４問

(1)	①		②		③	
(2)	①		②			
(3)	(A)		(B)		(C)	
	(D)		(E)		(F)	
	(G)		(H)		(I)	
	(a)		(b)		(c)	

問8					
問9		問10		問11	
問12					

第3問

問1		問2		問3	
問4					
問5		問6		問7	
問8					
問9		問10		問11	

第4問

問1		問2			
問3					
問4	私は「　　　　　　　」です。 理由：				
問5		問6		問7	

社会

受験番号

得　点

※100点満点
（配点非公表）

第１問

問1	①		②		③	
	④		⑤		⑥	
	⑦		⑧		⑨	
	⑩					
問2		問3		問4		
問5						
問6		問7		問8		
問9	(1)		(2)		(3)	
問10	(1)		(2)		(3)	
問11						

第２問

問1		問2		問3	
問4					
問5		問6		問7	

理科

受験番号

得　点

※100点満点
（配点非公表）

第１問

(1)	㋐		㋑		㋒	
	㋓		㋔		㋕	
	㋖					
	(a)		(b)		(c)	
(2)	①		②			
	③		④			
(3)	①					
	②					
(4)	①	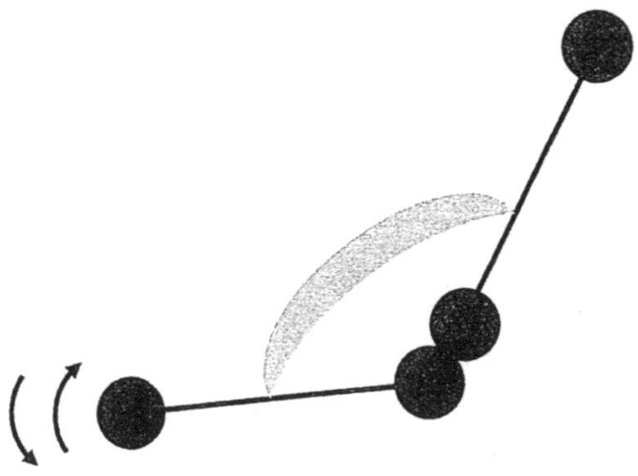				
		支点		作用点		力点
	②		③			

算数

受験番号

得　点

※100点満点
（配点非公表）

第１問

(1)		(2)	
(3)		(4)	

第２問

x	度	y	度

第３問

(1)	人	(2)	人
(3)	人		

第４問

(1)	秒速　m	(2)	時速　km
(3)	m	(4)	秒

問8

問9

第2問

問1
a
b
c
d
e

問2
1
2
3
4
X
㋐

問3

問4
(1)
(2)
(3)

問5

問6

問7

問8

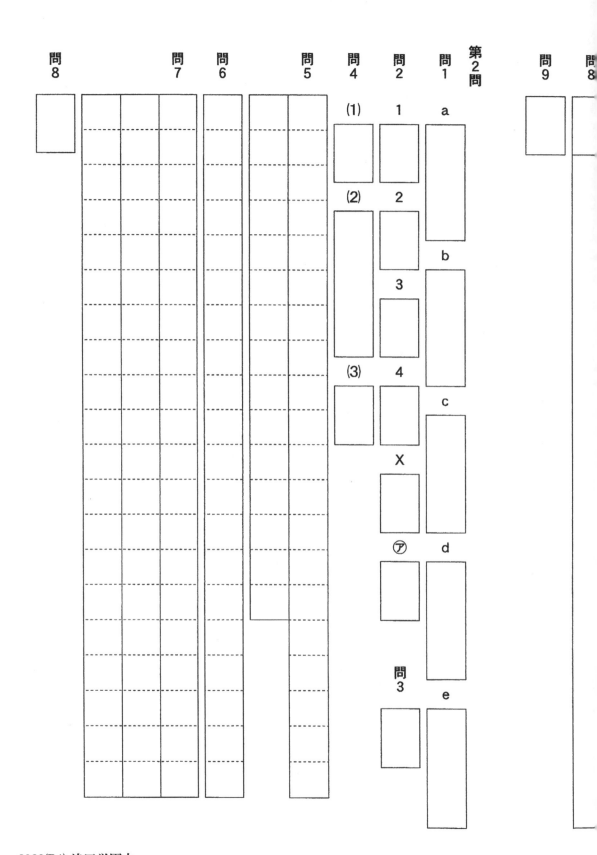

問7　Cの人物が開いた仏教の宗派を何というか答えなさい。

問8　下線部(e)の制度が定められた目的を述べなさい。

問9　Dの人物が定めた下の史料が示す内容のものを何というか答えなさい。

一　和を貴び，争うことのないようにせよ。 二　あつく仏教を信仰せよ。 三　天皇の命令には必ず従え。 （一部の抜すいを要約）

問10　下線部(f)に関連して，現在は世界文化遺産に登録されている群馬県にある製糸場の名を答えなさい。

問11　Fの人物と同じころに活躍した人物を次の**ア**～**エ**の中から1つ選び，記号で答えなさい。

ア　観阿弥　　**イ**　井原西鶴　　**ウ**　葛飾北斎　　**エ**　狩野永徳

問12　A～Fの各人物が登場した順に各文を並べたとき，4番目となるものを記号で答えなさい。

第３問　次の略年表を見て，あとの問いに答えなさい。

時代	できごと
３世紀	卑弥呼が(a)邪馬台国の王となる。(b)中国大陸の国に使者を送ったことが中国の歴史書には記されている。
８世紀	桓武天皇が(c)都を京に移した。これ以降，京は江戸時代の終わりまで日本の都となった。
12 世紀	源頼朝が(d)幕府を開き，この後武士による政治が約 700 年続いた。幕府が鎌倉に置かれた時代を(e)鎌倉時代という。
16 世紀	(f)室町幕府 15 代将軍を(g)織田信長が追放し，室町幕府は滅亡した。
19 世紀	江戸幕府の最後の将軍によって(h)大政奉還が行われた。これにより幕府は消滅し，武士による政治は終わった。
19 世紀	(i)内閣制度が創設された。総理大臣が各省の長官である国務大臣を率いて内閣を組織するようになった。
20 世紀	ＧＨＱから憲法を改正するように指示を受けて(j)日本国憲法が制定され，翌年に施行された。

問１　下線部(a)が栄えたころのわが国のようすについて述べた文として**ふさわしくないもの**を次の**ア～エ**の中から１つ選び，記号で答えなさい。

ア　豊かな収穫や家族の幸せなどを願って土偶が使用された。

イ　収穫された米は高床倉庫に保管された。

ウ　人々は竪穴住居に住んでいた。

エ　米作りが行われており，地位や身分の差があった。

問２　下線部(b)にあたる国を次の**ア～エ**の中から１つ選び，記号で答えなさい。

ア　秦　　**イ**　魏　　**ウ**　随　　**エ**　唐

問３　下線部(c)の都を何というか答えなさい。

2022(R4) 津田学園中
K 教英出版

問4　下線部(d)では将軍と御家人は「ご恩と奉公」という関係で結ばれていました。「ご恩」の例を1つ答えなさい。

問5　下線部(e)を代表する仏像を次の**ア**～**エ**の中から1つ選び，記号で答えなさい。

ア

イ

ウ

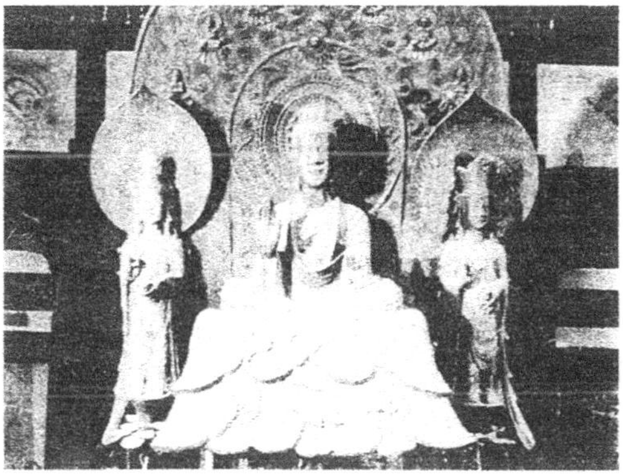

エ

問6　下線部(f)を次の**ア**～**エ**の中から1つ選び，記号で答えなさい。

ア　足利義政　　**イ**　足利義満　　**ウ**　足利尊氏　　**エ**　足利義昭

問７　下線部(g)について述べた文として**ふさわしくないもの**を次の**ア**～**エ**の中から１つ選び，記号で答えなさい。

ア　「楽市楽座」を実施し，城下で商人が自由に商売できるようにした。

イ　キリスト教を禁止し，宣教師を国外に追放した。

ウ　安土に壮大な天守閣を持つ城を築いた。

エ　桶狭間の戦いで今川義元を破った。

問８　下線部(h)はどのようなできごとだったかを「政権」という語句を用いて簡潔に述べなさい。

問９　下線部(i)に関連して，初代内閣総理大臣を次の**ア**～**エ**の中から１つ選び，記号で答えなさい。

ア　伊藤博文　　**イ**　黒田清隆　　**ウ**　板垣退助　　**エ**　大隈重信

問10　下線部(j)が制定されたときの内閣総理大臣を次の**ア**～**エ**の中から１つ選び，記号で答えなさい。

ア　伊藤博文　　**イ**　黒田清隆　　**ウ**　吉田茂　　**エ**　原敬

問11　下線部(j)について述べた文として**ふさわしくないもの**を次の**ア**～**エ**の中から１つ選び，記号で答えなさい。

ア　国民１人ひとりが人として持っている基本的な権利を尊重することがうたわれている。

イ　戦争を放棄するという平和主義が掲げられている。

ウ　政治の最終的な進め方を決める主権は国民にあるとされている。

エ　軍隊は持たないが自衛隊の存在は認めるとされている。

第４問　次のＡ～Ｄの文を読んで，あとの問いに答えなさい。

Ａ	2021年7月，「（　①　）・北東北の(a)縄文遺跡群」がユネスコ世界文化遺産に登録された。
Ｂ	2021年9月，総務省は(b)65歳以上の高齢者は3640万人で過去最多となり，総人口に占める割合は29.1％になったと発表した。
Ｃ	2021年9月，新型コロナウイルスの感染拡大にともなう(c)緊急事態宣言及び（　②　）防止等重点措置は全都道府県で解除された。
Ｄ	2021年10月，(d)衆議院議員総選挙が行われ，(e)与党の自民党が過半数の議席を確保した。

問１　空欄（①）にあてはまる語句を答えなさい。

問２　下線部(a)について，北東北の遺跡を次の**ア～エ**の中から１つ選び，記号で答えなさい。

ア　吉野ヶ里遺跡　　**イ**　登呂遺跡　　**ウ**　大森貝塚　　**エ**　三内丸山遺跡

問３　下線部(b)について，あなたが問題だと感じることを１つ述べなさい。

問４　下線部(c)を発令して「さまざまな自粛や制限を求めるよりも，経済活動を優先するべき」という意見もあります。あなたはそのような意見に対して賛成ですか。それとも反対ですか。解答欄にしたがってあなたの立場を明らかにし，その理由を１つ述べなさい。

問５　空欄（②）にあてはまる語句を答えなさい（ひらがなでも可）。

問６　下線部(d)について述べた文として最もふさわしいものを次の**ア～エ**の中から１つ選び，記号で答えなさい。

ア　議員の任期は６年であり，任期の途中で解散することはない。

イ　衆議院と参議院で意見が異なった場合，最終的に衆議院の意見が優先される。

ウ　内閣の不信任決議をすることは認められていない。

エ　被選挙権は30歳以上の国民となっている。

問７　下線部(e)について，2021 年現在，自民党と別の政党が協力して政権を担当しています。このような状態を「○○政権」といいます。○○に入る語句を漢字 2 字で答えなさい。

〈社会　終わり〉

令和３年度

津田学園中学校・高等学校(六年制)入学試験問題

B方式

国　　　語

（１００点　４５分）

注意事項

１．開始の合図があるまでは，この問題冊子を開いてはいけません。
２．答えはすべて解答用紙に記入してください。
３．解答用紙には必ず受験番号を書いてください。
４．終わりの合図ですぐに筆記用具をおき，係の先生の指示にしたがってください。
５．問題の内容についての質問には応じません。印刷のはっきりしないところがある場合には，だまって手をあげ，係の先生に聞いてください。

2021(R3) 津田学園中
K 教英出版

(四) だいたい、本当に大人はみんな、子供時代には勉強したのだろうか。実は「勉強しよう」と決意するだけで、結構遊んでいたのではないか。四当五落(注5)という言葉があるが、少なくとも私はたっぷり寝《ね》ていた。テレビや読書のために夜更《ふ》かしをすることはあったが。受験戦争といっても、「勉強しなきゃ」というプレッシャーを感ずるばかりで、現実には勉強しなかった人も多いのではないだろうか。それとも、これは私だけでしょうか。〈ア〉

(五) 現在、子供の教育の二極化が進んでいる。「できる子」と「できない子」の差は、以前から歴然とあって、だから「落ちこぼれ」という言葉もあった(私もそう呼ばれたひとりだ)。そもそも「ゆとり教育」が生み出された背景には「落ちこぼれ」をなくしたい、テストの点数以外の子供の「いいところ」を(d)ヒョウカしてほしいという理想主義的な願望があった。〈イ〉

(六) ①しかしほとんどの「改革」は勝ち組に有利な方向へ、すなわち二極分化をいっそう推《お》し進める方向にしか進まない。教育改革もまた格差を拡大する方向へ向かっている。なぜそうなるかというと、詳《くわ》しい理由については追い追い明らかにしていくつもりだが、単純にいって改革に携《たずさ》わる人々は、政治家や官僚《りょう》や諮《し》問(注6)委員会に招かれる有識者(学者や財界の代表)にしても、みな「勝ち組」の人たちだからだ。彼らにとって二極化は、自分たちの利益の増加を意味する。〈ウ〉

(七) とはいえ、これは彼らが自分たちの(e)私利私欲のため

科書がつまらなかったら面白いと思える英語の本を覚えるといいとか言われても、こちらは②その前の段階で挫《ざ》折しているのである。「面白い英語の本を選ぶ」こと自体、相当の〔　Y　〕を必要とする。また国語では速読の練習も必要だが「早く読む技術を修得するには、多くのものを読むしかない」という教えもあって、これは私の場合、クリアしている感じだが、今時の若者に、まず多くのものを読めといっても、なかなか読めないのである。

(長山靖生『不勉強が身にしみる』光文社新書
設問の都合上、本文を改訂した箇所があります。)

注1 カリスマ…一般大衆を魅了するような資質・技能をもった人。
注2 共通項…二つ以上のものや人物について、共通して備わっている性質や特徴などのこと。
注3 画一的…何もかも一様にそろえるさま。
注4 自明…説明したりしなくても、すでにそれ自体ではっきりしていること。
注5 四当五落…四時間しか寝ない人は志望校に合格できて、五時間以上寝ている人は不合格になるという意味のことば。
注6 諮問…専門家に意見を聞くこと。
注7 翻弄…思いのままにもてあそぶこと。
注8 配慮…心をくばること。心づかい。
注9 野口悠紀雄…日本の経済学者。

第2問　次の文章を読み、あとの問いに答えなさい。

ＪＲ西日本で車両検査係をしている「わたし」は、妻の友紀子とともに電車で神奈川県の茅ケ崎《ちがさき》市に向かっている。

わたしは小田原から茅ケ崎に向かう東海道線の景色を楽しんでいた。右手には相模湾《さがみわん》が、左手には湘南平《しょうなんだいら》へとつづくこんもりした丘が見えた。

にぎやかな声が聞こえて、見ると向かいのシートに兄弟らしい子どもたちがすわっていた。いつ乗ってきたのかわからないが、靴《くつ》を脱《ぬ》いでシートに正座をして、窓の外を楽しそうに眺《なが》めている。こちらから顔が見えないのに楽しそうだとわかるのは、二人のからだが揺《ゆ》れているからだ。列車の動きを全身で感じて、(a)小刻みにリズムをとっている。

からだの大きさからすると、八歳《さい》と五歳といったところだろうか。兄弟の隣《となり》には母親がいて、二歳くらいの女の子を膝《ひざ》に抱《だ》いている。女の子はぐっすり眠《ねむ》っていて、母親も眠たそうだ。

そのうちに兄弟はケンカを始めた。きっかけはささいなことで、弟のほうがからだを揺らしすぎてお兄ちゃんにぶつかった。お兄ちゃんは弟の頭を叩《たた》き、弟が泣きながら反撃《げき》に出ようとした。そこで母親が目をさましたので、わたしはシートから立ち上がった。

「①やあ、きみたち。電車は好きかい?」

知らないおじさんに声をかけられて、子どもたちがおどろいた表情でわたしを見た。

「おじさんはねえ、電車を造ってるんだ」

「『ク』で始まるんだけどな」

わたしがヒントを出すと、「クロスシート」と答えて、弟が興奮した顔を母親に向けた。おかあさんは兄弟の両方に笑顔を向けて、嬉《うれ》しそうに微笑《ほほえ》んだ。

「二人ともすごいな。でもね、これはまだ〔　Y　〕だよ」

わたしの言葉に、お兄ちゃんはやる気を見せたが、弟のほうは「まだあるの?」とウンザリした声を出した。

「いいかい。今、きみたちが答えてくれたロングシートとクロスシートには、それぞれ別の呼び方があるんだ。〇〇方向の座席って呼ぶんだけどね。じゃあ、ロングシートは、なに方向の座席だと思う?」

質問の意味はわかったようだが、お兄ちゃんが〔　㋐　〕をひねっている。

「それじゃあ、ヒントをあげよう。線路に関係があるんだ。線路はなにとなにでできているかな?」

「ああ、なるほど」

おかあさんが先にわかって、すみませんというように首をすくめた。

「そうか。線路は、レールと〈注3〉枕《まくら》木からできている。だから、ロングシートはレール方向の座席。クロスシートは枕木方向の座席ってことか」

お兄ちゃんは、「なるほど、そういうことか」と自分の答えに納得して、わたしを見上げた。

「おじさん、ありがとう」

問7　――線部②「その前の段階」とありますが、これは要するにどのような「段階」のことですか。「…という段階。」という形で終わるよう、二十字以内で答えなさい。

問8　次の会話は、ある学校の授業でこの文章を取り上げて、A・B・Cの三人で班を作り感想を話し合っているときのものです。これを読んで、あなたが最も共感できるものをA～Cの中から一つ選び記号で答え、その理由を簡潔に答えなさい。（記号と理由を完答すること。）

A「私も、勉強はしなければならないと思いますが、しなければいけないと思ってする勉強は辛いし、できる人のやり方をまねしてみても、なかなか上手くいきません。でも、それと同じ内容でも、主体的に取り組むと上手くいきました。」

B「ぼくも、受験勉強はその場凌ぎであり、詰め込み教育は抑《おさ》えつけられたものだという側面が、たしかにあるとは思います。でも、理解できたらやはりうれしいですし、結局は自分次第でどのようにも感じられるのではないでしょうか。」

C「私は、今の若い人が多くのものをなかなか読めないというところに疑問を感じます。勉強ができるかどうかとものを読む量との間には、たしかに関係はあるでしょう。でも、ものを読む機会はみんな平等にあるのではないでしょうか。」

問9　本文の説明として最もふさわしいものを次の**ア**～**エ**の中から一つ選び、記号で答えなさい。

ア　昔の大人たちと同じように今の若者たちもなかなか勉強できないということを、反省を込めて指摘している。

イ　現在進められている教育改革が抱えている問題点とその解決方法を、自分の体験を根拠にして説明している。

ウ　「改革」がかえってものごとの二極化を進めてしまうという問題点を、改革者の発想の面から分析している。

エ　若者たちの基礎力不足や読書不足の解消こそが、理想的な教育の改革のための唯一《ゆいいつ》の方法だと定義している。

《 第2問 》 **解答に字数の指示があるものは、すべて句読点などの記号も字数に含みます。**

問1 ――線部（a）「小刻」（b）「リハツ」（c）「二」（d）「ドク」（e）「降」のカタカナは漢字に、漢字はひらがなになおしなさい。

問2 本文中の〈　1　〉・〈　2　〉に入る語として最もふさわしいものを**A**群の**ア**～**ク**の中から、〔　X　〕・〔　Y　〕・〔　Z　〕に入る言葉として最もふさわしいものを**B**群の**ア**～**シ**の中からそれぞれ一つずつ選び、記号で答えなさい。ただし、同じものは繰り返し使わないものとします。また、〔　㋐　〕・〔　㋑　〕に入る、身体のある部分を表す語をそれぞれ漢字一字で答えなさい。

A群
- **ア** では　**イ** そこで　**ウ** なぜなら　**エ** なお
- **オ** だから　**カ** それとも　**キ** すると　**ク** あるいは

B群
- **ア** 得意顔　**イ** 勇み足　**ウ** 気まぐれ　**エ** お人よし　**オ** 無我夢中　**カ** 虎の子
- **キ** 序の口　**ク** 仕切り直し　**ケ** 二枚目　**コ** 無神経　**サ** 登竜門　**シ** 人見知り

問3 ――線部「ようだ」と同じ意味の言葉を次の**ア**～**エ**の中から一つ選び、記号で答えなさい。

- ・まるで夢を見ている**ア**みたいだ。
- ・どうやらここが、旅の終着点**イ**らしい。
- ・あの人は誕生日プレゼントをもらった**ウ**そうだ。
- ・さあ、みんなで協力してそうじをし**エ**よう。

問4 本文中の【　　　　】には次のⒶ～Ⓙの語句を並べ替えた一文が入ります（句読点は考えに入れないものとします）。これについて、あとの問いに答えなさい。

【Ⓐ元気な　Ⓑ聞きながら　Ⓒ声を　Ⓓ母親に　Ⓔそうですと　Ⓕくれた　Ⓖ目を　Ⓗ向けると　Ⓘいうように　Ⓙうなずいて】

問5　――線部①「やあ、きみたち。電車は好きかい？」とありますが、「わたし」はこのときどうしてこのように話しかけたと考えられますか。「…と思ったから。」という形で終わるよう、五十字以内で答えなさい。

問6　――線部②「スーパーマン以上だよね」とありますが、友妃子は「わたし」のどのようなところを「スーパーマン以上」と言ってほめたと考えられますか。本文中の言葉を必ず利用して、二十字以内で答えなさい。

問7　本文中の登場人物たちの説明として最もふさわしいものを次の**ア**～**エ**の中から一つ選び、記号で答えなさい。

ア　車両検査係をしている「わたし」は電車が大好きで、旅に出るといつもいろいろな人たちとふれあおうと心に決めている。

イ　知らない人に話しかけられて「兄」は初め少しだけ緊張したが、興味ある話が続くうちに打ち解けて会話もはずんでいる。

ウ　突然の「わたし」からの問いかけにもすぐ明るく反応できた「弟」は、頑《がん》固《こ》でありつつ兄よりも飽《あ》きっぽいところがある。

エ　子どもたちのけんかに気づいてしかろうとした「母親」もいっしょに、いつのまにか「わたし」の話に引きこまれている。

問8　この文章についての説明として最もふさわしいものを次の**ア**～**エ**の中から一つ選び、記号で答えなさい。

ア　登場人物の様子や主人公の人柄の内容が散りばめられつつ、電車内での心温まる交流が描かれている。

イ　短い会話がテンポよく続き、ストーリーの背景にある状況の複雑さや人物の心理が明確にされている。

ウ　言葉と行動が具体的に取り上げられ、個々の人物の気持ちが対比的に描かれわかりやすくなっている。

エ　過去の回想を部分的に織りこむことが、全体をリズムよく読むことができるという効果を生んでいる。

〈国語　終わり〉

《第1問》 解答に字数の指示があるものは、すべて句読点などの記号も字数に含みます。

問1 ――線部（a）「二」（b）「ユダン」（c）「リツ」（d）「ヒョウカ」（e）「私利私欲」のカタカナは漢字に、漢字はひらがなになおしなさい。

問2 本文中の〈 1 〉・〈 2 〉に入る語として最もふさわしいものをA群のア～クの中から、〔 X 〕・〔 Y 〕に入る言葉として最もふさわしいものをB群のア～クの中からそれぞれ一つずつ選び、記号で答えなさい。ただし、同じものは繰り返し使わないものとします。

A群
- ア まるで　イ ついに　ウ せめて　エ はっきり
- オ どうか　カ たいてい　キ まるで　ク しっかりと

B群
- ア 科学　イ 論理　ウ 比較　エ 知性
- オ 規則　カ 素材　キ 構造　ク 覚悟

問3 本文中の〈ア〉～〈オ〉のいずれかの位置に次の一文が入ります。どこに入れるのが最もふさわしいですか。記号で答えなさい。

【そのために教育改革が進められたはずだった。】

問4 本文を大きく二つの内容に分ける場合、後半はどこからですか。形式段落の初めにある段落番号で答えなさい。

問5 ㈢段落の内容について、

(1) この段落に述べられている筆者の考えの要旨を、四十字以内でまとめなさい。

(2) (1)でまとめた筆者の考えについて、あなたはどのように考えますか。解答欄にしたがって賛成・反対の立場を明らかにし、その理由を明示して、八十字以内で答えなさい。〈解答欄の「賛成・反対」のどちらかを○で囲むこと。〉

は、よく東海道線に乗るの？」
お兄ちゃんが戸惑《まど》っている隙《すき》に、弟が先に答えた。
「よく乗るよ。これから、みんなで（注1）大船《おおふな》のおじいちゃんの家に行くの」
「そうか。ところで、この電車は（注2）211系っていうんだけどね。もっと新しいE231系にも乗ったことがあるかい？」
【　　　　　】。
今度はお兄ちゃんがうなずいた。
「あるよ。東海道線と湘南新宿ラインと、両方のに乗った」
「そうか、よく知ってるなあ。それじゃあ、これからおじさんが電車クイズを出すよ」
子どもたちの目が三割増しの大きさになった。
「いいかい。今、きみたちがすわってる座席のように、電車の窓側に沿って、まっすぐ並んでいる座席のことを、なにシートというでしょうか？」
「ロングシート」
お兄ちゃんが即答《そくとう》して、【　X　】になった。
「ずるい、僕《ぼく》だって知ってたのに」
弟が怒《おこ》ったので、「じゃあ、つぎはきみが先に答えような」とわたしは慰《なぐさ》めた。
「では、二問目。二人がけの座席が向かい合わせになっているシートのことは、なにシートというでしょうか？」
弟は、聞いたことはあるらしいのだが、なかなか思い出せないようだった。〈　2　〉、お兄ちゃんが耳打ちしようとすると、いやだというように首を横にふった。

そう言って、おかあさんに会釈してから、わたしは友紀子の隣に戻った。
「さすが、おとうさん」
友紀子は小声で言って、わたしの肩《かた》を叩いた。
「電車のなかでは、②スーパーマン以上だよね」
普《ふ》段は無口で引っ込み思案だが、わたしは電車に乗っているときだけは積極的になった。網棚《あみだな》の（c）ニ物を取ってあげたり、満員電車ふうに道をつくってやったりと、自然にからだが動く。電車が好きそうな子どもに話しかけるのも、お【　㋑　】のものだ。
（d）ドク身だったときは、〈　中　略　〉わたしは鉄道の旅を心ゆくまで楽しんだ。同じ電車に乗り合わせたひとたちともおしゃべりをした。
ところが、ひとたび電車を（e）降りて、駅から離《はな》れてしまうと、わたしはとたんに【　Z　】になった。マクドナルドでハンバーガーを頼《たの》むのにも困るほどで、それがホームの立ち食い蕎麦《そば》屋なら、店のおばさんと気軽に話せるのだから、自分で自分がよくわからなかった。

（佐川光晴『鉄道少年』
設問の都合上、本文を改訂した箇所があります。）

注1　大船…神奈川県鎌倉市にある地名。
注2　211系…電車の車両形式。「E231系」も同様。
注3　枕木…レールの下に並べられた、レールを固定する角柱の木材。現在は鉄材やコンクリートが用いられる。

第1問　次の文章を読み、あとの問いに答えなさい。

(一) お勉強はダイエットに (a) ニている。そう思うのは私だけだろうか。「やらなきゃいけない」「やったほうがいい」と多くの人が思っている。いろんなお勉強法やダイエット法があり、それぞれに(注1)カリスマ的な指導者や信者みたいな熱狂《きょう》的ファンもいる。実際、なかにはうまくいく人もいるらしい。そういう成功者に刺《し》激され、みんな一度や二度は決意を固めて、自分も挑《ちょう》戦してみるのだが、なかなか思うように目標が達成できないところも、よく二ている。

(二)「いいえ、あなたはいいわよ。ぜんぜんそんな必要ないもの。ふつうにしていればいいのよ」と言う奴《やつ》に限って、裏で自分はせっせといろんな方法を試しているあたりも、勉強とダイエットの(注2)共通項《こう》だ。自分が上手《うま》くできないなら、〈　1　〉まわりの人々もがんばらないように (b) ユダンさせて、偏《へん》差値を低く抑《おさ》えておこうというせこい手立てだ(それにしても雑誌でよく広告を見かける「みるみる痩《や》せる」「ぐんぐん成績アップ」「幸福を呼ぶ不思議グッズ」の成功 (c) リツは、各何パーセントなのだろう)。

(三) 受験勉強というと、何やらその場凌《しの》ぎの身につかない勉強というイメージがあり、「詰《つ》め込《こ》み教育」には強制・没《ぼっ》個性・(注3)画一的といった負のイメージがつきまとう。実際、受験勉強や詰め込み教育には、そうした側面がないとはいえない。だが、(注4)自明のこととして、どのような形の勉強であっても、勉

に改革を利用しているという意味ではない。そういうつもりがなくても、指導者層からは彼ら自身が不利益を被《こうむ》るような発想は、生まれ得ないというだけだ。それに、制度が変わる度《たび》に、人々は混乱する。新しい制度に素早く対応できるのは情報収集力に長《た》け、即《そく》応できる経済的ゆとりのある人だ。「負け組」の人間は目まぐるしく変わる制度に(注7)翻弄《ほんろう》されて、どんどん水をあけられていく仕組みになっている。たとえ改革自体は、「負け組」のための(注8)配慮《りょ》がなされているにしても、より大きな「　X　」として、そういう仕組みが出来てしまっている。

(八) だいたい勉強ができない子供をなくそうという改革を、頭のいい人たちだけで考えるというのは、いかがなものか。そうした人たちには、勉強ができない、あるいは嫌《きら》いだという人間の気持ちなんて、ぜんぜん分からないのではないか。もちろん頭がいい人たちだから、知識としてはそうした子供たちの存在は知っているだろうが、感覚的には分かっていないのではないだろうか。だから改革は、上手く行かないのである。〈エ〉

(九) これは世に溢《あふ》れている「お勉強法」の本も同様だ。そういう本の著者は、〈　2　〉頭がいい。それなりにいいことが書いてある。ただし、それらは、ある程度、頭のいい人にしか役に立たない。〈オ〉

令和３年度

津田学園中学校·高等学校(六年制)入学試験問題

B方式

算　　数

（１００点　４５分）

注意事項

１．開始の合図があるまでは，この問題冊子を開いてはいけません。
２．答えはすべて解答用紙に記入してください。
３．解答用紙には必ず受験番号を書いてください。
４．終わりの合図ですぐに筆記用具をおき，係の先生の指示にしたがってください。
５．問題の内容についての質問には応じません。印刷のはっきりしないところがある場合には，だまって手をあげ，係の先生に聞いてください。
６．問題文中の Ｌ はリットルを表します。

第１問　次の□に当てはまる数を答えなさい。

(1)　$18 \times 3 \div 4 + 2 = \square$

(2)　$\dfrac{31}{5} \times 13 \div \dfrac{124}{25} = \square$

(3)　$(0.17 + 0.43) \times 50 - 3 \times 5 = \square$

(4)　$\dfrac{1}{1} + \dfrac{1}{1+2} + \dfrac{1}{1+2+3} + \dfrac{1}{1+2+3+4} = \square$

第2問　四角形ABCDは正方形，三角形EBCは正三角形です。AEを延長した直線と辺CDの交点をFとします。次の x と y の値を求めなさい。

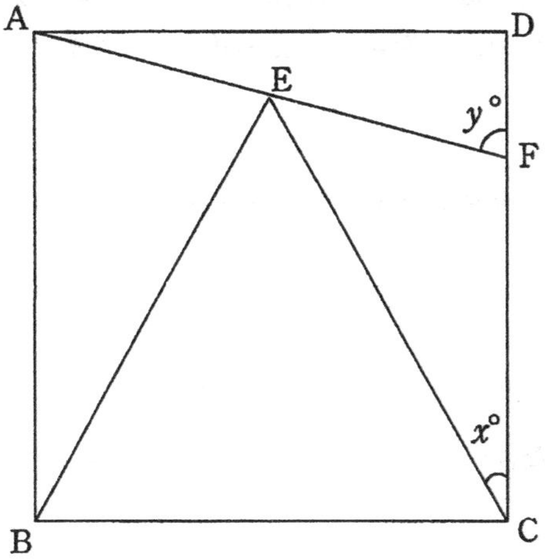

第３問　ある小学校の昨年のサッカー部の人数は30人でした。今年の4年生は昨年の4年生の2倍の人数がおり，今年の6年生は昨年の6年生の150%の部員数となりました。今年の部員数と昨年の部員数が変わらなかったとき，次の問いに答えなさい。ただし，部員は4，5，６年生で，途中で入部退部をした人はいなかったものとし，例えば今年の5年生が10人であれば，昨年の4年生も10人となります。

(1)　今年の5年生の部員数と今年の4年生の部員数の比率を求めなさい。

(2)　今年の5年生の部員数を求めなさい。

(3)　昨年の5年生の部員数を求めなさい。

第4問　A 地点から 2360 m 離れた B 地点まで行くのに，A 地点から途中の C 地点までは毎分 50 m で歩き，C 地点から B 地点までは毎分 70 m で歩きました。次の問いに答えなさい。

(1)　A地点からC地点までの道のりが 1000 mあるときA地点からC地点までかかった時間を求めなさい。

(2)　(1)のとき，C地点からB地点までかかった時間を求めなさい。

(3)　A地点からC地点まで22分かかりました。C地点からB地点までの道のりを求めなさい。

(4)　(3)のとき，A地点からB地点までの平均の速さを求めなさい。

第5問 下の［図1］のような直方体と，［図2］のように10cmの深さまで水の入っている直方体の容器があります。このとき，あとの問いに答えなさい。

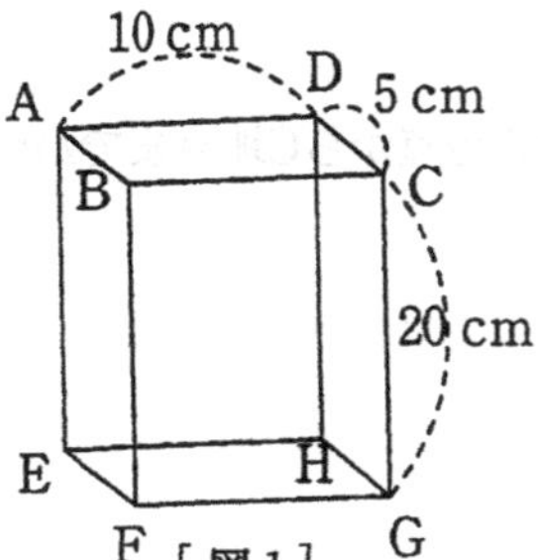

［図1］

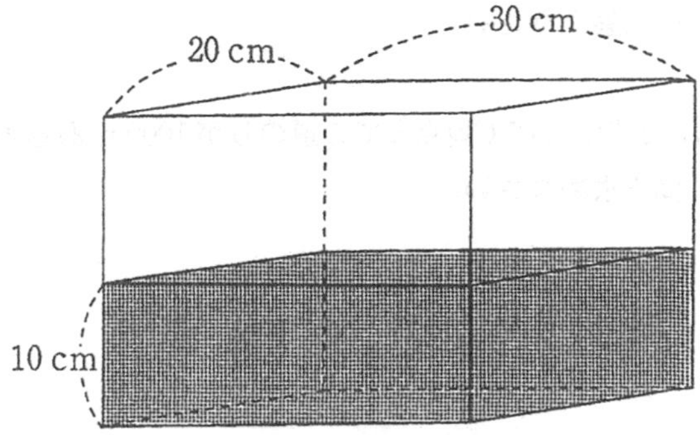

［図2］

(1) ［図1］の直方体の体積を求めなさい。

(2) ［図1］の直方体をEFGHを底面にして，［図2］の直方体の容器の底面と平行に4cmしずめました。水面の高さは容器の底から何cmになるかを求めなさい。

(3) ［図1］の直方体をABFEを底面にして，［図2］の直方体の容器の底面と平行にしずめたところ，水面の高さがちょうど容器の底から11.5cmとなりました。このとき，［図1］の直方体は何cmしずんでいるかを求めなさい。

第６問　台形ABCDがあり，辺ADは10cm，辺BCは15cmです。DE : ECが2:3であるとき，あとの問いに答えなさい。

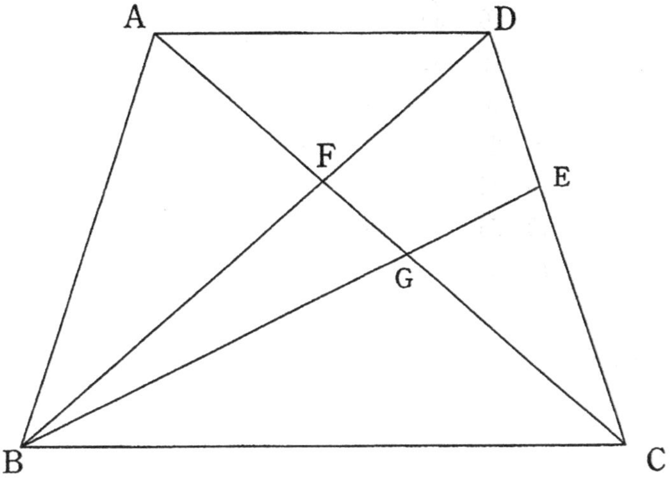

(1)　AF:FCの比を求めなさい。

(2)　AG:GCの比を求めなさい。

(3)　台形ABCDの面積が50cm^2のとき，三角形BGFの面積を求めなさい。

第７問　次の図のように，数字がある規則にしたがってならんでいます。上から x 行目，左から y 行目の数を（ x ， y ）と表すこととします。例えば上から２行目，左から３行目であれば(２，３)と表します。このとき，あとの問いに答えなさい。

2	16	30	·	·
4	18	32	·	·
6	20	·	·	·
8	22	·	·	·
10	24	·	·	·
12	26	·	·	·
14	28	·	·	·

(1)　（５，３）の数を求めなさい。

(2)　たて１列の数の和が初めて1000より大きくなるのは，左から何行目かを求めなさい。

(3)　292を(x ， y)の形で表しなさい。

＜算数　終わり＞

令和３年度

津田学園中学校・高等学校(六年制)入学試験問題

B方式

理　　科

（１００点　４５分）

注意事項

１．開始の合図があるまでは，この問題冊子を開いてはいけません。
２．答えはすべて解答用紙に記入してください。
３．解答用紙には必ず受験番号を書いてください。
４．終わりの合図ですぐに筆記用具をおき，係の先生の指示にしたがってください。
５．問題の内容についての質問には応じません。印刷のはっきりしないところがある
　　場合には，だまって手をあげ，係の先生に聞いてください。
６．問題文中の Ｌ はリットルを表します。

第１問　金属の酸化について調べるために，銅の粉末を加熱して酸素と化合させ，得られた物質の質量をはかりました。表１は，その結果をまとめたものです。あとの問いに答えなさい。

表１

銅の粉末の質量〔g〕	2.0	4.0	6.0	8.0
得られた物質の質量〔g〕	2.5	5.0	7.5	10

(1)　銅を加熱したとき，酸素と化合してできる物質の名称を答えなさい。

(2)　銅の粉末の質量と，化合した酸素の質量の関係を表すグラフを書きなさい。ただし，横軸は銅の粉末の質量，たて軸は化合した酸素の質量とします。

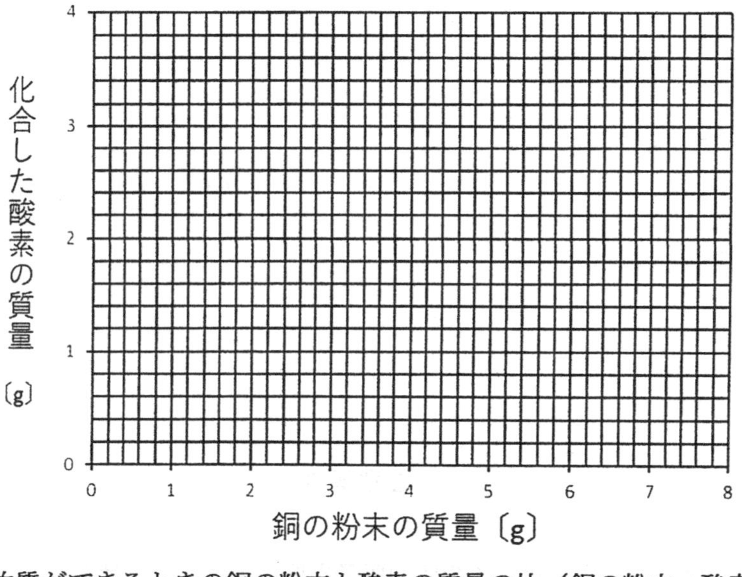

(3)　(1)の物質ができるときの銅の粉末と酸素の質量の比（銅の粉末：酸素）を最も簡単な整数比で答えなさい。

(4)　銅の粉末 12 g と化合するのに必要な酸素は何ｇか，答えなさい。

(5)　(1)の物質を 275 g 得るには，銅の粉末と酸素はそれぞれ何ｇずつ必要か，答えなさい。

第２問　ある濃さの塩酸50 ㎤にさまざまな量の水酸化ナトリウム水溶液《すいようえき》を加えて，Ａ～Ｆの水溶液をつくりました。Ａ～Ｆの水溶液を蒸発させ，残った固体の質量をはかりました。下のグラフはその結果をまとめたものです。あとの問いに答えなさい。

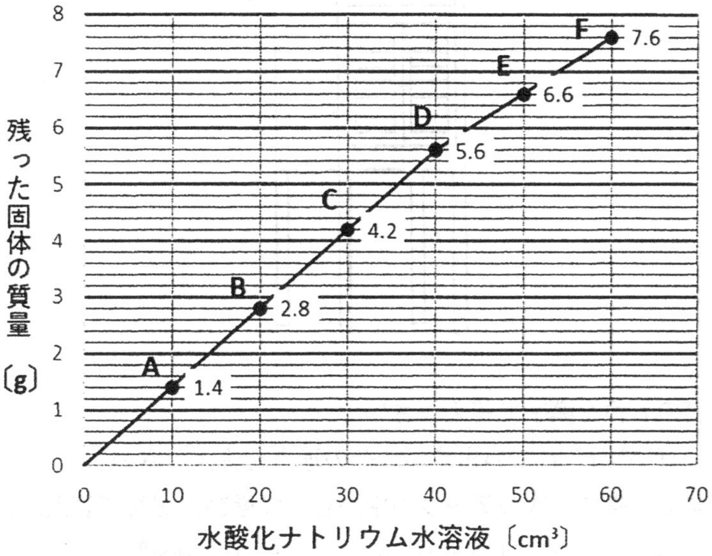

(1)　次の①～⑤の性質について，塩酸のみに当てはまる場合にはａを，水酸化ナトリウム水溶液のみに当てはまる場合にはｂを，両方に当てはまる場合にはｃを，両方とも当てはまらない場合にはｄと答えなさい。

①水に固体が溶《と》けている

②水に気体が溶けている

③フェノールフタレイン溶液を加えると赤色になる

④アルミニウムを溶かす

⑤刺激臭がある

(2)　水溶液Ｂ，Ｄ，ＦにＢＴＢ溶液を加えると何色になるか答えなさい。

(3)　Ｄの水溶液を蒸発させたとき，残った固体は何か，答えなさい。

(4)　Ｅの水溶液を蒸発させたとき，残った固体は何か，**すべて**答えなさい。またその質量も答えなさい。

(5)　Ａ～Ｆの水溶液を試験管にとり，マグネシウムリボンを入れました。このとき，気体が発生するものを**すべて**選び，記号で答えなさい。また発生した気体の名称を答えなさい。

第３問　下の図は学校などの屋外で見られる，気象観測用の小屋形の木箱です。これについてあとの問いに答えなさい。

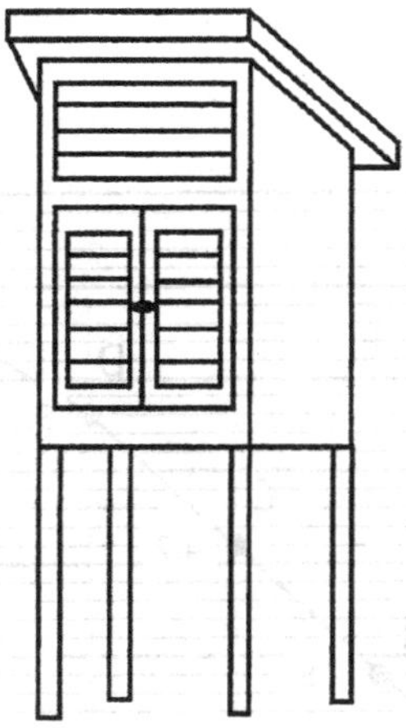

(1)　この木箱の名称を漢字で答えなさい。

(2)　(1)は，白色でぬられていますが，その理由を答えなさい。

(3)　温度計までの高さを次の**ア**～**ウ**の中から１つ選び，記号で答えなさい。

ア　30 cm～50 cm　　**イ**　1.2 m～1.5 m　　**ウ**　1.8 m～2.0 m

(4)　扉は，どちらの向きについていますか。次の**ア**～**エ**の中から１つ選び，記号で答えなさい。

ア　東　　**イ**　西　　**ウ**　南　　**エ**　北

(5)　(4)で選んだ理由を答えなさい。

(6)　(1)は芝生の上に設置されますが，その理由を答えなさい。

第４問　カメラのシャッターを一定の時間，開けたまま固定すると星が動いたあとが線になって写ります。

次の図①～④は，東・西・南・北の方角にカメラを向けてとった写真をもとにかいた図です。あとの問いに答えなさい。

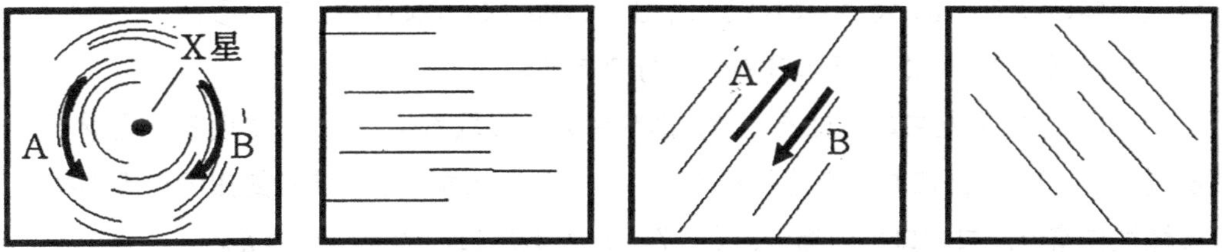

①　　②　　③　　④

(1)　図の②，④はどの方向の空か，次の**ア**～**エ**の中からそれぞれ選び，記号で答えなさい。

ア　東　**イ**　西　**ウ**　南　**エ**　北

(2)　図の①，③で星はA，Bのどちらに動いていきますか。それぞれ選び，記号で答えなさい。

(3)　図①のX星は，ほとんど動きませんでした。この星の名称を答えなさい。

(4)　図①のX星のまわりを，ある星が 90 度動きました。シャッターを開いていた時間は何時間か，答えなさい。

次に，観測していると東の空から真上の空にかけて，下の図の星座が見られました。

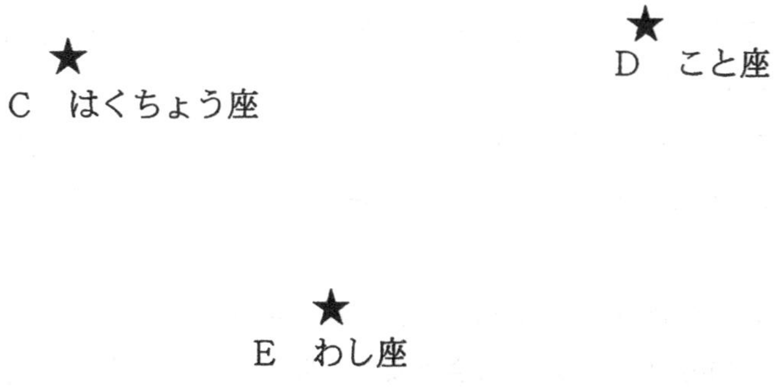

(5)　これらの星座をみたのは，いつごろの季節ですか，次の**ア**～**エ**の中から１つ選び，記号で答えなさい。

ア　春　**イ**　夏　**ウ**　秋　**エ**　冬

(6)　C，D，Eの１等星の名称をそれぞれ答えなさい。

(7)　この３つの星をむすんでできる三角形を何というか，答えなさい。

第5問　近年昆虫《こんちゅう》をタンパク質源として摂取する昆虫食が注目を浴びてきており，2020 年 3 月には某社がコオロギを原材料としたスナック菓子を製品化した。以下の文章を読み，あとの問いに答えなさい。

昆虫の体のつくりは，大きくわけると，3つの部分からなりたっている。(　1　)・(　2　)・(　3　)が，その3つの部分である。
(　1　)には，私たちの目にあたる，形や色を感じ取る(　4　)や明るさを感じ取る(　5　)，またにおいを感じ取る(　6　)などがある。また昆虫の口の形状は多様性に富み，コオロギの場合，(　7　)と似た口の形をしている。
また(　2　)には，運動するための器官である肢やア羽が集中している。さらに，(　3　)には，両脇に孔があり，気門とよばれる部分がある。これは私たちの(　8　)にあたり，気管とつながる。これは私たちの(　9　)にあたる。

(1)　(　1　)～(　9　)に当てはまる語句を語群から選び書きなさい。

〔語群〕　胸部　頭部　腹部　尾部　単眼　複眼　触覚　鼻　えら　肺　腸　チョウ　バッタ　セミ　ハエ

(2)　下線部アについて，以下の文章を読み，問いに答えなさい。

コオロギは羽から出す音で仲間と様々なコミュニケーションをとっている。自ら出す音で仲間とコミュニケーションをとるということは，その音を聞くことができる耳を持っているということになる。実際の虫の鳴き声は，虫の種類によって異なるが，同一の虫の場合でもひとつのパターンだけではない。よく聞いてみると，実はいくつかのパターンがあり，コオロギの場合は状況に応じて3つの鳴き声を使い分ける。

①　3つの鳴き声を使い分ける方法のうちの一つとして，コオロギは振動数を使い分ける。これを確かめるためにはどのような機器を用いればよいか。機器名を答えなさい。

②　オスの昆虫はメスを誘うための方法として鳴き声を使うことがある。あるメスのコオロギが 340m 先のオスと出会うまでの時間は，オスが鳴いてから最短で何時間何分何秒か。なお音の速さは秒速 340m，コオロギの進む速さは分速 1m とし，オスのコオロギは位置を変えないものとする。

第6問 メダカについて次の各問いに答えなさい。

(1) メダカのオスとメスを比べたとき，オスの特ちょうとして正しいものを次の**ア～エ**の中から1つ選び，記号で答えなさい。

ア 背びれに切れこみがない。

イ 胸びれに切れこみがある。

ウ しりびれが平行四辺形に近い形をしている。

エ 尾びれが赤い色をしている。

(2) メダカの卵の直径は，何mmくらいですか。最も適切なものを次の**ア～カ**の中から1つ選び，記号で答えなさい。

ア 0.1mm～0.15mm　　**イ** 0.3mm～0.35mm

ウ 1.0mm～1.5mm　　**エ** 3.0mm～3.5mm

オ 10.0mm～15.0mm　　**カ** 30.0mm～35.0mm

(3) メダカが卵を産むのは，1日のうちいつですか。次の**ア～オ**の中から最も適切なものを1つ選び，記号で答えなさい。

ア 朝　　**イ** 昼間

ウ 夕方　　**エ** 夜間

オ 1日中いつでも

(4) 水温が25℃くらいのとき，卵がかえるまで，ふつう何日くらいかかりますか。次の**ア～エ**の中から1つ選び，記号で答えなさい。

ア 6～8日

イ 10～13日

ウ 20～23日

エ 30～33日

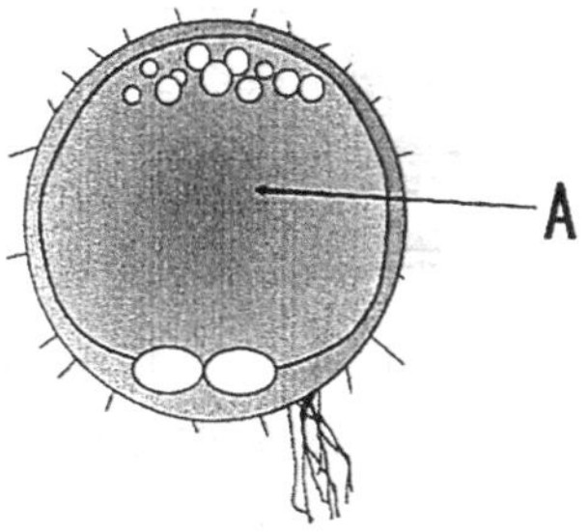

(5) 右の図はメダカの卵です。メダカの卵とインゲンマメの種のつくりを比べました。次の問いに答えなさい。

① 図のAの部分の名称を答えなさい。

② 図のAの部分のはたらきを記述しなさい。

③ 図のAの部分と似たはたらきをしているのは，インゲンマメの種のどこですか。名称を答えなさい。

(6) メダカの卵には付着毛と呼ばれる毛のような構造がみられます。この役割について15字以内で書きなさい。

第7問　下図のような，まさつのないレールのS点から，なめらかに動くジェットコースターが動くようすを考えました。あとの問いに答えなさい。

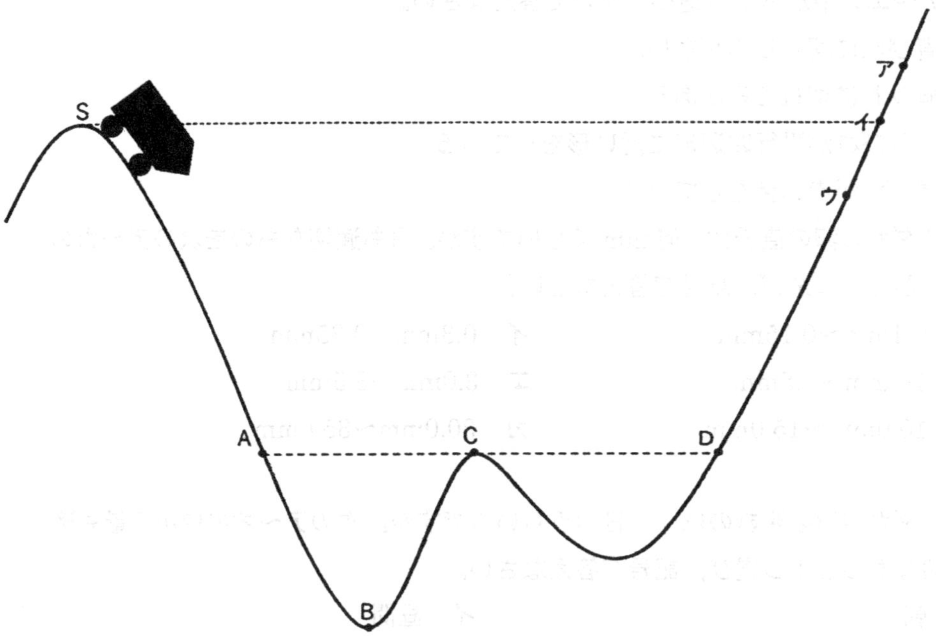

(1)　ジェットコースターの速さが最も速い点はどこですか。図のA～Dから1つ選び，記号で答えなさい。

(2)　ジェットコースターの速さが同じになる点はどこですか。図のA～Dから組み合わせを考え，記号で答えなさい。

(3)　ジェットコースターが次のa～cのような運動をする区間はどこですか。次の**ア～エ**の中から1つずつ選び，記号で答えなさい。当てはまるものがない場合は「なし」と答えなさい。

a だんだん速くなっている区間

b だんだん遅くなっている区間

c 一定の速さで運動している区間

ア SB間　　**イ** AC間　　**ウ** BC間　　**エ** CD間

(4)　S点から発車した，誰も乗車していないジェットコースターは，図の**ア～ウ**のどの高さまで登ると考えられますか。最も適切なものを1つ選び，記号で答えなさい。

(5)　S点から発車した，客が3人乗車したジェットコースターは，図の**ア～ウ**のどの高さまで登ると考えられますか。最も適切なものを1つ選び，記号で答えなさい。

(6)　ジェットコースターのレールを新たに3つ作成した。レールa～cは全長は等しく，同じ高さの場所から出発し，同じ場所へ到着したものとします。ジェットコースターを発車させたとき，到着するまでの時間について記述したものとして最も適当なものを次の**ア～キ**から選び，記号で答えなさい。点線は同じ高さを示したものとします。

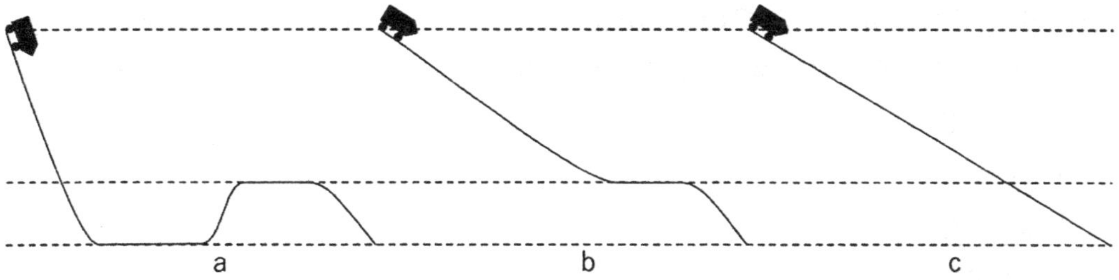

ア　レールa～cの到着時刻はすべて等しい。
イ　レールaが最も早く到着し，続いてレールb，最後にレールcが到着する。
ウ　レールaが最も早く到着し，続いてレールc，最後にレールbが到着する。
エ　レールbが最も早く到着し，続いてレールa，最後にレールcが到着する。
オ　レールbが最も早く到着し，続いてレールc，最後にレールaが到着する。
カ　レールcが最も早く到着し，続いてレールb，最後にレールaが到着する。
キ　レールcが最も早く到着し，続いてレールa，最後にレールbが到着する。

第8問 水の温度変化について，実験１と実験２を行いました。これについてあとの問いに答えなさい。

実験1. 60℃の水 25mL と 30℃の水 50mL を混ぜてできた 75mL の水の温度をはかったところ，約 40℃だった。

(1) 60℃の水 25mL と 30℃の水 25mL を混ぜてできる 50mL の水の温度は何℃になると考えられますか。次の**ア～オ**の中から１つ選び，記号で答えなさい。

ア 約 35℃

イ 約 40℃

ウ 約 45℃

エ 約 50℃

オ 約 55℃

(2) 60℃の水 50mL と 30℃の水 25mL を混ぜてできる 75mL の水の温度は何℃になると考えられますか。(1)の選択肢**ア～オ**の中から１つ選び，記号で答えなさい。

実験2. 気温約 30℃の部屋で，下図のように 60℃の水 25mL が入ったビーカーを 30℃の水 50mL が入ったビーカーの中に静かに入れた。このとき，２つのビーカーの水面は同じ高さになった。温度計 a と b ではかった温度の変化を１時間調べ，最初の 10 分間について，時間による温度変化のようすをグラフで表したところ，図のようになった。なお実線は a，破線は b の温度変化を示すものとする。

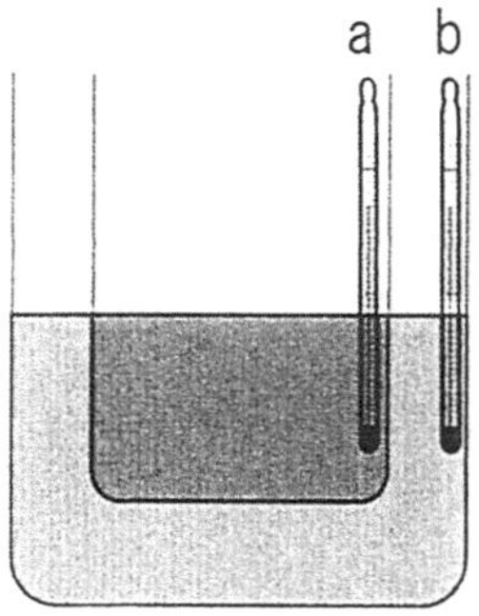

図

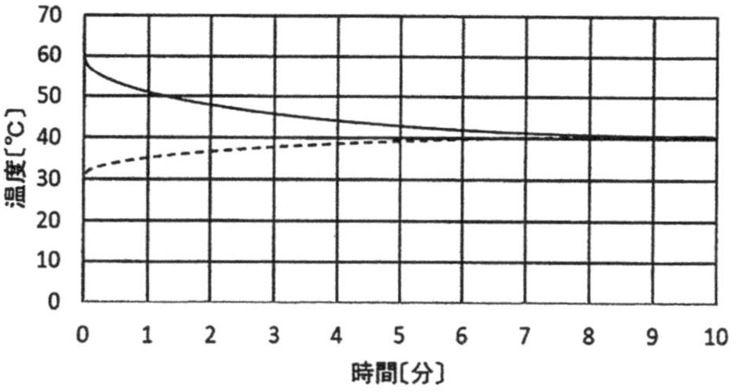

(3) 温度計 a と b ではかった温度の変化のようすを示しているグラフはどれですか。最も近いグラフを次の**ア～カ**の中から１つ選び，記号で答えなさい。

ア

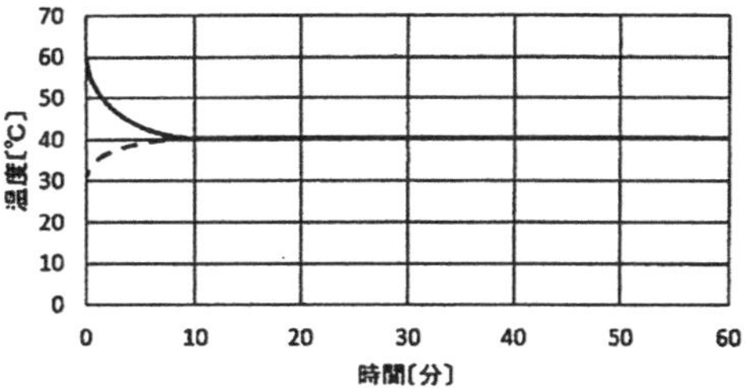

イ

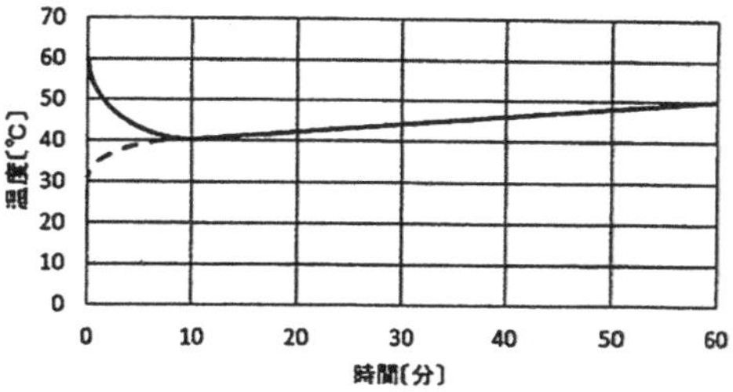

ウ

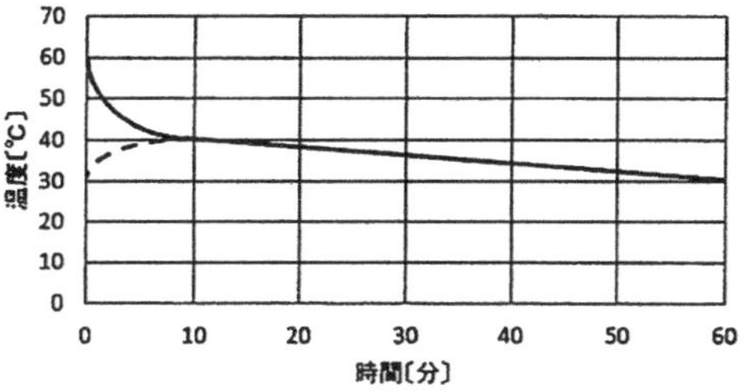

エ

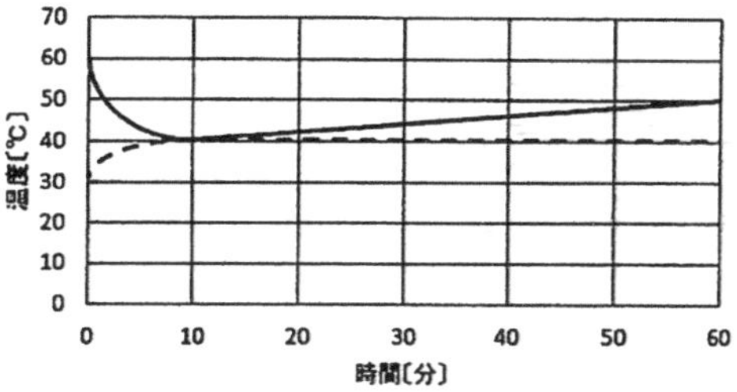

オ

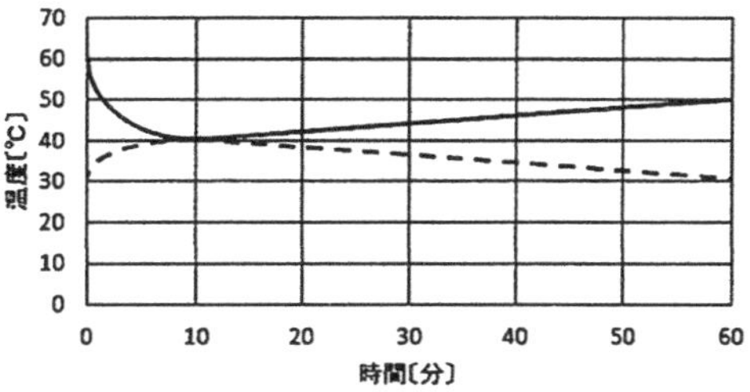

カ

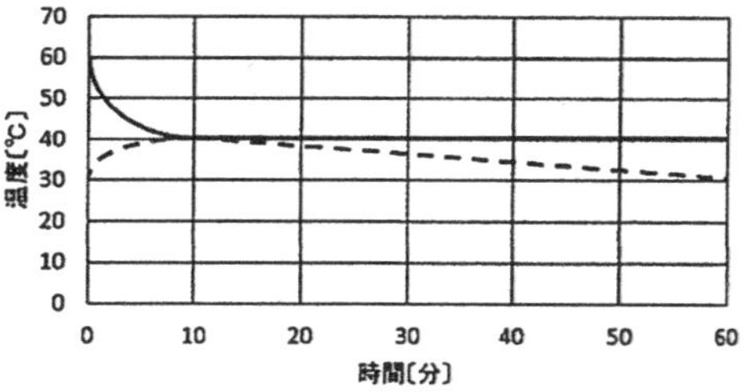

(4) 次の文章の空欄に当てはまる語句を以下の語群から選びなさい。

体感温度とは，実際の気温とは別に体が感じる気温のことである。本来の気温や風，湿度，日光などの環境条件によって変動することが知られている。風の吹く日と吹かない日では，同じ気温であったとしても，風の（ A ）日が寒く感じる。これはなぜだろうか。

私たちの体は体温によって皮膚《ひふ》の周りの空気を暖めている。この暖められた空気の層が防寒の役割を果たしている。しかし，風が吹くと直接肌に冷たい空気があたり，その風が熱を奪うことで皮膚の表面の温度が（ B ）。図の温度計 a と b の温度変化で考えてみると，皮膚の表面は（ C ）のような変化が，周りの空気の温度変化は（ D ）のような温度変化が生じると考えられる。よって気温が同じ場合でも，風の（ A ）日はより寒く感じるのであろう。

語群： 吹く　吹かない　下がる　上がる　a　b

〈理科　終わり〉

令和３年度

津田学園中学校·高等学校(六年制)入学試験問題

B方式

社　　　会

（１００点　４５分）

注意事項

１．開始の合図があるまでは，この問題冊子を開いてはいけません。
２．答えはすべて解答用紙に記入してください。
３．**解答用紙**には必ず**受験番号**を書いてください。
４．終わりの合図ですぐに筆記用具をおき，係の先生の指示にしたがってください。
５．問題の内容についての質問には応じません。印刷のはっきりしないところがある場合には，だまって手をあげ，係の先生に聞いてください。

第１問　次の図Ａ～Ｊは，ある都道府県を示し，あとの［　　］内のＡ～Ｊの各文は，図Ａ～Ｊに対応しています。図Ａ～Ｅは都道府県の主な部分の形を，図Ｆ～Ｊは都道府県章を示しています。図Ａ～Ｅの方位は同じですが，縮尺は同じではありません。また，● の印は都道府県庁所在地の位置を示しています。これについて，あとの問いに答えなさい。

A

B

C

D

E

F
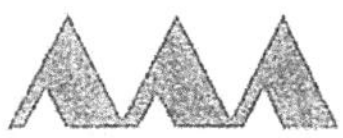
G

H

I

J
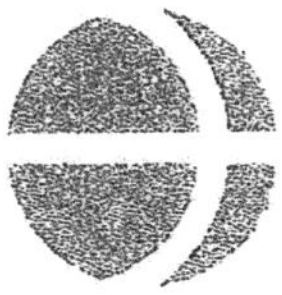

A　（　①　）城は全国に 12 ある現存天守の１つで，2015 年に国宝に指定された。これで(a)国宝の城は５つになった。

B　下北半島と（　②　）半島に囲まれた(b)陸奥湾では養殖がさかんに行われている。

C　（　③　）は本州最南端の岬で，日本で有数の台風の通過や上陸が多い場所となっている。

D　（　④　）島は瀬戸内海で２番目に大きい島で，オリーブの栽培《さいばい》が盛んである。

E　県の北東部には（　⑤　）浜という日本最大級の単調な砂浜海岸が続いている。

F　(c)県内を日本三大急流のうちの１つが流れている。夏には山脈側から乾燥して暖かい空気が流れ込み，高温になる（　⑥　）現象が起こることがある。

G　別府や湯布院など県内には多くの（　⑦　）がある。

H　木曽三川とよばれる３つの大きな川が流れており，（　⑧　）とよばれる(d)周囲に堤防をめぐらせた集落が見られる。

I　1997 年に(e)地球温暖化防止のための会議が開かれ，各国の（　⑨　）効果ガスの削減目標が定められた。

J　標高 3000m級の山々がそびえる飛騨・木曽・赤石の３つの山脈は，ヨーロッパの山脈にならって「日本（　⑩　）」とよばれる。

問1　A～Jの文中の（ ① ）～（ ⑩ ）にあてはまる語句をそれぞれ答えなさい。

問2　下線部(a)の中で世界文化遺産にも登録されているものを次の**ア～エ**の中から1つ選び，記号で答えなさい。

ア　犬山城　　**イ**　彦根城　　**ウ**　姫路城　　**エ**　松本城

問3　下線部(b)に最もふさわしいものを次の**ア～エ**の中から1つ選び，記号で答えなさい。

ア　真珠　　**イ**　タイ　　**ウ**　マグロ　　**エ**　ホタテ

問4　下線部(c)にあてはまるものを次の**ア～エ**の中から1つ選び，記号で答えなさい。

ア　富士川　　**イ**　揖斐川　　**ウ**　最上川　　**エ**　球磨川

問5　下線部(d)のようになっている理由を簡潔に答えなさい。

問6　下線部(e)で採択されたものを何というか答えなさい。

問7　A～Jの中で，面積が最も大きいものと最も小さいものの組み合わせを次の**ア～カ**の中から1つ選び，記号で答えなさい。

ア　大：C　小：D　　**イ**　大：C　小：F　　**ウ**　大：E　小：G
エ　大：E　小：I　　**オ**　大：J　小：D　　**カ**　大：J　小：H

問8　A～Jの中にある工業地帯・工業地域を次の**ア～カ**の中から2つ選び，記号で答えなさい。

ア　中京工業地帯　　**イ**　東海工業地域　　**ウ**　瀬戸内工業地域
エ　京浜工業地帯　　**オ**　阪神工業地帯　　**カ**　京葉工業地域

問9　次の各問いについて，それぞれA～Jの記号で答えなさい。

(1)　工業生産額が最も高いものを1つ選びなさい。
(2)　都道府県庁所在地がある都市の緯度が2番目に高いものを1つ選びなさい。
(3)　海をへだてずに接している都府県の数が最も多いものを1つ選びなさい。

問 10　次の雨温図は，Ａ～Ｊのいずれかの都道府県庁所在地のものです。これについて，あとの各問いに答えなさい。

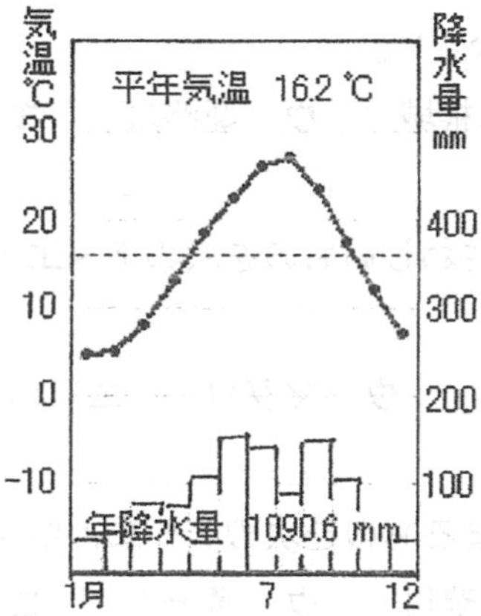

⑴　この雨温図が示す気候区分を次の**ア～カ**の中から１つ選び，記号で答えなさい。

ア　内陸の気候　　　　**イ**　南西諸島の気候　　　**ウ**　太平洋側の気候

エ　北海道の気候　　　**オ**　日本海側の気候　　　**カ**　瀬戸内の気候

⑵　この雨温図は，どの都市のものですか。都市名を答えなさい。

⑶　この雨温図が示す気候と最もよく似た気候の都市を次の**ア～エ**の中から１つ選び，記号で答えなさい。

ア　福井　　　**イ**　甲府　　　**ウ**　岡山　　　**エ**　静岡

問 11　Ａ～Ｊの都道府県から１つ選び，例文のように都道府県名を明記し，「世界遺産・国宝」「特産物」「観光名所」「郷土料理」の中から２つの要素を用いて旅行プランを立てなさい。ただし，Ａ～Ｊの文や問いに出てきたものは使わないこととします。

（例）　静岡県を訪れ，世界遺産の富士山に登り，夕食でうなぎを食べて帰る。

第2問　次のA～Dの文を読んで，あとの問いに答えなさい。

A　2019年12月，この年に行われたラグビーワールドカップにおいて強い結束力を示した日本代表チームのスローガンである「（　①　）チーム」が流行語大賞に選ばれた。

B　2020年4月，(a)新型コロナウイルスの感染拡大を防止するため，（　②　）事態宣言が発せられた。

C　2020年7月，観光業界や飲食業界などを支援するため，宿泊代金が割引になったりクーポンやポイントが支給されたりする(b)「（　③　）トラベル」や「（　③　）イート」というキャンペーンが始まった。

D　2020年9月，菅義偉が第99代(c)内閣総理大臣に任命され，新しい(d)内閣が成立した。

問1　文中の（①）～（③）にあてはまる語句を答えなさい。

問2　下線部(a)に関連して，小規模な感染者の集団を意味する語句を次の**ア**～**エ**の中から1つ選び，記号で答えなさい。

ア　パンデミック　　**イ**　クラスター
ウ　ロックダウン　　**エ**　オーバーシュート

問3　下線部(a)に関連して，伝染病とたたかい，すべての人の健康の向上を図ることを目的としている国際連合の専門機関を次の**ア**～**エ**の中から1つ選び，記号で答えなさい。

ア　WTO　　**イ**　IMF　　**ウ**　WHO　　**エ**　UNESCO

問4　下線部(b)に関連して，このようなキャンペーンを行うことにあなたは賛成ですか。それとも反対ですか。解答欄にしたがってあなたの立場を明らかにし，その理由を1つ述べなさい。

問5　下線部(c)と国務大臣による会議を何というか答えなさい。

問6　下線部(d)について述べた文として**ふさわしくないもの**を次の**ア**～**エ**の中から1つ選び，記号で答えなさい。

ア　外国と条約を結ぶなど外交関係を処理する。

イ　衆議院が不信任決議をしたとき，総辞職するか10日以内に衆議院を解散させなければならない。

ウ　国務大臣は全員国会議員でなければならない。

エ　天皇の国事行為に対して助言と承認を与える。

国語

受験番号

得点

※100点満点
(配点非公表)

第1問

問1

a

b

c

d

e

問2

1

2

X

Y

問3

問4

問5

(1)

(2)

私はこの意見に賛成 反対です。なぜなら、

問6

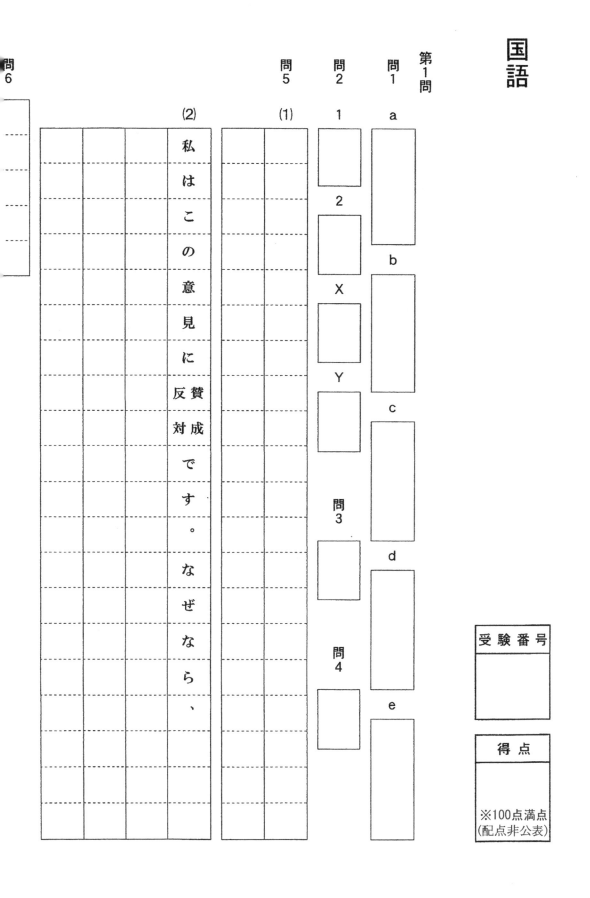

第 5 問

(1)	cm^3	(2)	cm
(3)	式や説明 答え　　　　　cm		

第 6 問

(1)	：	(2)	：
(3)	cm^2		

第 7 問

(1)		(2)	左から　　　　行目
(3)	式や説明 答え（　　，　　）		

第4問

(1)	②		④		(2)	①		③	
(3)		(4)							
(5)		(6)	C		D		E		
(7)									

第5問

(1)	1		2		3	
	4		5		6	
	7		8		9	
(2)	①		②			

第6問

(1)		(2)		(3)		(4)	
(5)	①		②				
	③						
(6)							

第7問

(1)		(2)				
(3)	a		b		c	
(4)		(5)		(6)		

第8問

(1)		(2)		(3)	
(4)	A		B		
	C		D		

問4	私は「　　　　　　」です。 理由:		
問5		問6	

第 3 問

問 1		問2			問3	
問4		問5				
問6						
問7		問8	(1)		(2)	
問9		問 10				

第 4 問

問1		問2		問3	
問4		問5		問6	
問7		問8			
問9					
問 10		問 11		問 12	

社会

受験番号

得　点
※100点満点 （配点非公表）

第１問

問1	①		②		③	
	④		⑤		⑥	
	⑦		⑧		⑨	
	⑩					
問2		問3		問4		
問5						
問6		問7		問8		
問9	(1)		(2)		(3)	
問10	(1)		(2)		(3)	
問11						

第２問

問1	①		②		③	
問2		問3				

理科

受験番号	得　点
	※100点満点 (配点非公表)

第１問

(1)			(2)	
(3)				
(4)				
(5)	銅			
	酸素			

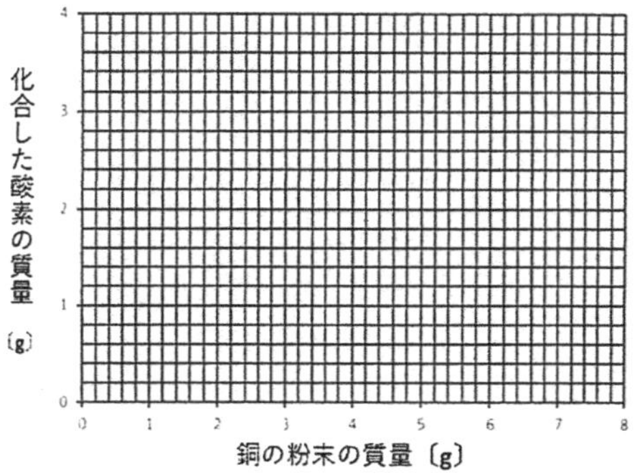

第２問

(1)	①		②		③		④		⑤	
(2)	B		D		F					
(3)										
(4)										
(5)										

第３問

(1)			
(2)			
(3)		(4)	
(5)			
(6)			

算数

受験番号

得　点
※100点満点 （配点非公表）

第 1 問

(1)		(2)	
(3)		(4)	

第 2 問

x	度	y	度

第 3 問

(1)	:	(2)	人
(3)	人		

第 4 問

(1)	分	(2)	分
(3)	m	(4)	毎分　m

問8

〈理由〉

問9

第2問

問1

a

b

c

d

e

問2

1

2

X

Y

Z

㋐

㋑

問3

問4

(1)

(2)

Ⓗ

Ⓙ

問5

問6

問7

問8

第3問　次の略年表を見て，あとの問いに答えなさい。

時代	できごと
(a)弥生時代	米作りが本格的に始まった。
3世紀	(b)古墳がつくられるようになる。
7世紀	(c)最初の仏教文化が栄えた。
9世紀	(d)遣唐使の廃止をきっかけに日本風の文化が栄えた。
15世紀	(e)明との貿易が始まる。
16世紀	ヨーロッパ人が来航し，鉄砲や(f)キリスト教が伝わる。
18世紀末〜 19世紀初め	(g)江戸を中心に町人文化が栄えた。
19世紀後半	明治時代が始まると，(h)欧米の文化や思想の影響を大きく受けるようになった。

問1　下線部(a)について述べた文として最もふさわしいものを次の**ア**～**エ**の中から1つ選び，記号で答えなさい。

ア　この時代を代表する遺跡として三内丸山遺跡が挙げられる。

イ　文字が伝わり，記録が残されるようになった。

ウ　米づくりが始まると，土地や用水をめぐる争いが起こることもあった。

エ　厚手でもろい土器や磨製石器が使われた。

問2　下線部(b)について，下の写真のような形の古墳を何というか答えなさい。

問3　次の史料は下線部(c)と関係の深い人物が役人の心がまえを定めたものです。（　①　）・（　②　）にあてはまる語句の組み合わせをあとの**ア**～**エ**の中から1つ選び，記号で答えなさい。

> 一　（　①　）を貴び，争うことのないようにせよ。
> 二　あつく（　②　）を信仰せよ。
> 三　天皇の命令には必ず従え。
> （一部を要約）

ア　①仁　②神　　　**イ**　①仁　②仏教
ウ　①和　②儒教　　**エ**　①和　②仏教

問4　下線部(c)に関連して，下の写真が示すわが国最古の木造建造物とされる寺院の名を答えなさい。

問5　下線部(d)と最も関係の深いものを次の**ア**～**エ**の中から1つ選び，記号で答えなさい。

ア　古事記　　**イ**　枕草子　　**ウ**　日本書紀　　**エ**　万葉集

問6　下線部(e)について，正式な貿易船かどうかを区別するためにどのような方法が用いられたか述べなさい。

問 7　下線部 (f) について述べた文として**ふさわしくないもの**を次の**ア**～**エ**の中から 1 つ選び，記号で答えなさい。

ア　九州など西日本中心に広まった。

イ　大名自身が信者になることもあった。

ウ　ザビエルという宣教師によって日本に伝えられた。

エ　豊臣秀吉の保護により布教活動が続けられた。

問 8　下線部 (g) について，下の絵を見てあとの各問いに答えなさい。

(1) 庶民の風俗や風景などを描いたこのような絵画を何というか答えなさい。

(2) この絵を描いた人物を次の**ア**～**エ**の中から 1 つ選び，記号で答えなさい。

ア　歌川広重　　**イ**　葛飾北斎　　**ウ**　喜多川歌麿　　**エ**　東洲斎写楽

問 9　下線部 (h) のような一連の風潮を何というか漢字 4 字で答えなさい。

問 10　下線部 (h) の例として**ふさわしくないもの**を次の**ア**～**エ**の中から 1 つ選び，記号で答えなさい。

ア　牛鍋　　**イ**　鉄道　　**ウ**　ガス灯　　**エ**　太陰暦

第4問　次のA～Fの各文は，それぞれある歴史上の人物について述べたものです。これを読んで，あとの問いに答えなさい。ただし，それぞれの人物が登場した順には並んでいません。

A　私は薩摩藩出身で，倒幕運動で活躍して新政府の重要な役職につきました。しかし，征韓論をめぐり(a)岩倉使節団のメンバーと対立して政府を去り，薩摩に戻りました。

B　私は幕府の将軍として，儒学をすすめて学問を重視しました。また，(b)生き物を大切にするように命じる法令をつくりました。

C　私は皇族の一人として，(c)天皇家をこえるほどの権力を持つようになった蘇我氏を中臣鎌足と協力して倒しました。

D　私は自分の娘を次々と天皇のきさきとして，また摂政など朝廷の高い位を長年にわたり務め，権力をにぎりました。私と(d)息子の時代にわが一族は全盛期を迎えました。

E　私は足利尊氏や新田義貞らの協力を得て幕府を倒し，天皇中心の政治をめざしました。しかし，(e)新しい政治は2年足らずで失敗に終わってしまいました。

F　私は武士として初めて太政大臣にまで昇りつめました。また，(f)中国と貿易をするために(g)港を開きました。

問1　下線部(a)**ではない**人物を次の**ア**～**エ**の中から1つ選び，記号で答えなさい。

ア　板垣退助　　**イ**　木戸孝允　　**ウ**　伊藤博文　　**エ**　大久保利通

問2　Aの人物が中心となって起こした政府に対する反乱を何というか答えなさい。

問3　下線部(b)を何というか答えなさい。

問4　Bの人物と同じ時代に活躍した，『曽根崎心中』などの代表作がある人形浄瑠璃の脚本家を次の**ア**～**エ**の中から1つ選び，記号で答えなさい。

ア　井原西鶴　　**イ**　松尾芭蕉　　**ウ**　歌川広重　　**エ**　近松門左衛門

問5　下線部(c)をきっかけに実行されたさまざまな改革をまとめて何というか答えなさい。

問6　**問5**で定められた，皇室や豪族が所有していた土地や人民をすべて国のものとする方針を漢字4字で答えなさい。

問7　次の和歌は，Dの人物が詠《よ》んだとされるものです。（　　）にあてはまる語句を答えなさい。

この世をば　わが世とぞ思ふ　（　　　）の 欠けたることも　なしと思へば

問8　下線部(d)と最も関係の深い建造物を次の**ア**～**エ**の中から1つ選び，記号で答えなさい。

ア

イ

ウ

エ

問9　下線部(e)のようになった理由を述べなさい。

問10　下線部(f)の当時の国名を次の**ア**～**エ**の中から1つ選び，記号で答えなさい。

ア　宋　　**イ**　明　　**ウ**　清　　**エ**　唐

問 11　下線部(g)の場所を下の地図の**ア～エ**の中から１つ選び，記号で答えなさい。

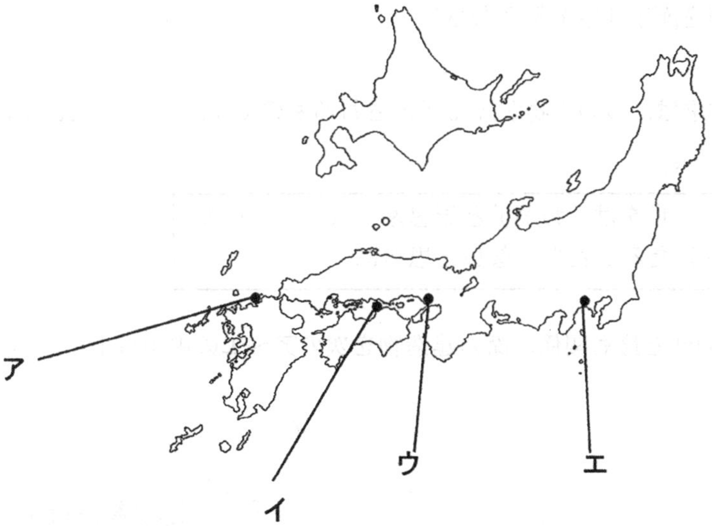

問 12　Ａ～Ｆの各人物が登場した順に各文を並べたとき，４番目となるものを記号で答えなさい。

〈社会　終わり〉